新金融模式

——移动互联网时代下的金融革命

坚　鹏◎著

经济管理出版社
ECONOMY & MANAGEMENT PUBLISHING HOUSE

图书在版编目（CIP）数据

新金融模式：移动互联网时代下的金融革命/坚鹏著．—北京：经济管理出版社，2014.8（2018.11 重印）

ISBN 978－7－5096－3214－7

Ⅰ．①新… Ⅱ．①坚… Ⅲ．①互联网络—应用—金融—研究 Ⅳ．①F830.49

中国版本图书馆 CIP 数据核字（2014）第 147943 号

组稿编辑：张 艳
责任编辑：杨 雪
责任印制：黄章平
责任校对：赵天宇

出版发行：经济管理出版社
（北京市海淀区北蜂窝 8 号中雅大厦 A 座 11 层 100038）
网 址：www. E－mp. com. cn
电 话：（010）51915602
印 刷：三河市延风印装有限公司
经 销：新华书店
开 本：720mm×1000mm/16
印 张：12.75
字 数：176 千字
版 次：2014 年 8 月第 1 版 2018 年 11 月第 2 次印刷
书 号：ISBN 978－7－5096－3214－7
定 价：39.00 元

引 言

一个会讲故事的行业

进入21世纪之后，随着互联网和信息技术的飞速发展，人类已经进入了互联网时代和移动互联网时代。尤其是今天，随着智能手机的大众化和普及化，个人电脑的作用逐渐被取代。

智能手机将众多功能集于一身，比如网上游戏、网上购物、网络理财等，从某种角度来说，智能手机就是一部个人电脑。

今天，我们已经成功步入了移动互联网时代，在这种氛围下，各行各业都将移动互联网化，金融业也不例外！为了在移动互联时代获得生存和发展，互联网企业和传统金融机构等都已经将目光聚焦在了移动互联网金融上。这是一场没有硝烟的“战争”，并且非常残酷！

移动金融是实现移动商务运营最重要的一个环节，必然会触发全球新一轮的金融革命。今天，移动互联网已经成为当今发展最快、市场潜力最大、前景最诱人的产业。数据显示，截至2010年底，我国使用手机上网的人数已经达到3.03亿，年增长率超过30%。

互联网是人类发展史上最重要的一项科技发明，对于时代的影响是翻天覆地的。作为传统互联网的延伸和演进方向，在最近几年，移动互联网更是获得了快速发展。

今天，能够通过高速的移动网络和强大的智能终端接入互联网的用户越来越多，在这里他们可以享受到丰富的数据业务和互联网服务内容，从这个意义上来说，移动互联网已经成为人们接入互联网的一种主要方式。

互联网是一个新兴的、最会讲故事的行业，而金融则是一个传统的、最赚钱的行业，两者结合在一起，在各种力量的推动下，定然会将互联网金融概念不断推向又一个高峰。在这种跨界之风的影响下，阿里巴巴、腾讯、百度三大互联网巨头纷纷加入其中，继而成为一股强大的势力，在互联网金融播种的季节，优胜者必然会笑到最后。

从 2013 年互联网金融元年开启之后，“互联网金融”这五个字已经让互联网圈、金融圈和圈外人感受到了剧烈的喧哗与骚动。如果真想把互联网与金融结合起来，获得互联网金融的发展，就要不断引入互联网和金融的双基因，不仅要熟知金融，还要了解互联网的特性。只有让自己的产品发生一些改变，才能为互联网金融杀出一条血路！

目 录

第一部分 时势造英雄——新金融时代正在崛起

第二部分　客户——看不见的金融模式之手

第三部分　新金融模式的危与机

第一部分

时势造英雄——新金融时代正在崛起

第一章 从“余额宝”说起

一、“余额宝”是何方神圣？

如果有一天余额宝的利率和银行的存款利率并轨了，即使余额宝的使命真的终止了，它已经发挥了很好的作用。

——马云

据证券时报网报道：

余额宝的飞速发展不仅让国内的商界惊呆了，其规模也开始在全球基金业占据重要位置。数据显示，截至2014年2月底，余额宝对应的天弘增利宝已经跻身于全球前十大基金行列，暂时名列第七位，已经超过了全球闻名的富达反向基金等著名基金产品。

今天，余额宝规模约为5000亿人民币，已经超过全球第七大基金——富达反向基金，成为新的全球第七大基金产品。

究竟什么是“余额宝”？现在让我们探个究竟！

（一）什么是余额宝？

余额宝是2013年6月13日由阿里巴巴集团支付宝上线的一项存款业务。通过余额宝，用户存留在支付宝的资金不仅能拿到“利息”，而且还能够取得较高的收益。

余额宝是由第三方支付平台（支付宝）为个人用户打造的一项余额增值服务。截至2014年1月15日，余额宝的规模已经超过2500亿元，客户数多达4900万，天弘基金也因此一举成为国内最大的基金管理公司。

通过余额宝，用户不仅能够得到一定的收益，还能随时消费支付和转出，和使用支付宝余额一样方便、快捷。在支付宝网站内，用户不仅可以直接购买基金等理财产品，还可以随时进行网上购物、支付宝转账等业务。

名词解释：基金

从广义上说，基金就是指为了某种目的而设立的具有一定数量的资金。人们平常所说的基金，主要是指证券投资基金。

（二）余额宝的操作流程

如何来转出呢？可以经过这样一个流程：

（1）登录支付宝账户 www. alipay. com——【我的支付宝】——【转入】；

（2）首次转入的时候需要确认个人身份信息，点【确认信息】；

（3）输入转入金额，点【下一步】；

（4）选择支付方式进行支付，支持【支付宝账户余额及储蓄卡快捷支付（含卡通）支付】；

（5）转入成功后，返回【账户管理——账户资产】中，查看余额宝的余额。

（三）余额宝的收益

转入余额宝的资金会在第二个工作日由基金公司进行份额确认，一旦份额得到确认就会开始计算收益，收益会直接被计入余额宝的资金里面。

需要注意的是，每天15：00后转入的资金一般会顺延1个工作日再确认。比如：星期二15：00前转入余额宝的资金，基金公司会在星期三对份额进行确认，在星期四中午12：00就会将星期三的收益发放到余额宝内。双休日和国家法定假期，基金公司是不进行份额确认的。

收益计算方法：

计算收益的时候，通常使用这样一个公式：

（余额宝资金/10000）×基金公司公布的每万份收益

例如：

5月13日15：00前向余额宝转入资金500元，5月14日基金公司公布的每万份收益是1.1907元，6月15日余额宝就可以查询到5月13日的收益为：

（500／10000）×当天基金公司公布的每万份收益1.1907元≈0.05元

（四）余额宝的优点

用户转入余额宝的资金不仅可以获得收益，还能随时消费支付，方便、灵活、快捷。

（五）余额宝的服务特点

余额宝服务有着怎样的特点呢？

1. 操作流程简单

余额宝服务，将基金公司的基金直销系统内置到了支付宝网站中，用户将资金转入余额宝后，其实是购买了货币基金，相应的资金都是由基金公司进行管理的；余额宝的收益不是利息，而是用户购买货币基金的收益。在购买商品的时候，用户如果要使用余额宝内的资金进行购物支付，相当于赎回货币基金。整个流程非常简单，就如同给支付宝充值、提现或购物支付一样。

2. 最低购买金额没有限制

余额宝对于用户的最低购买金额没有做出具体的限制，只要一元钱就能起买。这样，即使是零花钱也能够获得增值的机会，即使用户存入一两元、一两百元都能享受到理财的乐趣，这也是余额宝的真正目标。

3. 收益高，使用灵活

跟普通的“钱生钱”理财服务比较起来，余额宝更大的优势在于：不仅能够提供比较高的收益，还能全面支持网购消费、支付宝转账等几乎所有的支付宝功能。也就是说，余额宝中的资金不仅时刻保持增值，还能随时用于商品的消费。

不仅如此，与余额宝合作的天弘增利宝货币基金，还支持T+0实时赎回。转入余额宝中的资金可以随时转到支付宝，实时到账，不收取任何手续费；还可以直接提现到银行卡。

名词解释：T+0

T+0，是一种证券（或期货、现货）交易制度。凡在证券（或期货）成交当天办理好证券（或期货）和价款清算交割手续的交易制度，就称为T+0交易。简而言之，就是当天买入的证券（或期货）在当天就可以卖出。

4. 安全

为了保证资金的万无一失，支付宝对余额宝提供了被盗金额补偿保障。余额宝不管是转入还是转出，都不需要付手续费；支持实时转出，及时转入到支付宝账户余额中。

（六）余额宝的影响

余额宝、活期宝、淘宝直营店等创新，激发了基金公司发展电子商务平台的热情。从目前大型招聘网站上看，很多基金公司都在为电商业务招聘，各电商都在大肆招兵买马。

（七）余额宝的风险

使用余额宝有哪些风险呢？

1. 货币市场的风险

货币型基金的收益并不是一成不变的，余额宝也是如此！如果货币市场表现不好，货币型基金的收益也会呈现下降的趋势。

名词解释：货币型基金

这是一种开放式基金，按照开放式基金所投资的金融产品类别，可以将开放式基金分为四种基本类型：股票型基金、混合型基金、债券型基金、货币型基金。

货币基金资产主要投资于短期货币工具，一般期限在一年以内，平均期限 120 天。比如：国债、央行票据、商业票据、银行定期存单、政府短期债券、企业债券、同业存款等短期有价证券。

余额宝的收益来自货币基金市场收益，并不是支付宝支付。

2. 与银行竞争的风险

支付宝之所以要推出余额宝，主要是为了提升用户的黏度，为了在竞争中占据重要位置。把用户闲散的活期存款吸引到支付宝中的余额宝，有利于用户在淘宝购物，这样在一定程度上就会伤害到银行的利益。因此，两者必然会出现竞争，而且还会愈演愈烈。

3. 监管的风险

按照央行对第三方支付平台的管理规定，支付宝余额可以购买协议存款，可是却没有明确规定能否购买基金。从监管层面上来说，余额宝借助天弘基金实现基金销售功能的做法是不合法的，一旦监管部门重视起来，余额宝会有被叫停的可能，这是余额宝不愿意看到的。

4. 个人资产的风险

只要将资金投资到基金公司，都会存在资产缩水的风险。对于这一点，个人需要做出正确的认识。

（八）余额宝二代产品

2014年2月8日“余额宝用户专享权益2期”产品上线，开始接受预约，是余额宝二代产品的雏形，该产品和保险产品实现了成功对接，预期年化收益率可以高达到7%，并承诺保本保底。此次推出的用户专享权益2期，仅仅针对余额宝用户，购买产品的资金只能来自余额宝。

（九）余额宝遭封杀

为了封杀余额宝，各大银行使出了浑身解数。比如：四大银行下调了快捷支付上限，每天用户只能认购5000～10000元余额宝的数量。

工、农、中、建四大银行的限制，不仅严重打击了余额宝的用户体验，还限制了支付宝转入余额宝的通道。更重要的是，由于下调的是支付宝快捷支付额度，消费者使用支付宝也会带来很多不便，通过支付宝的网购、还款都会受到一定的影响。

二、余额宝正在改变金融生态

最近一段时间，出现了很多关于余额宝冲击银行业的言论。有人说，余额宝是典型的“金融寄生虫”，不仅提高了全社会的融资成本，还颠覆了实体经济，建议取缔余额宝。

可是，也有人认为，余额宝不仅改变了全社会的活期存款、定期存款的权重，还削减了传统商业银行的一部分利差利润，因此余额宝利率上涨必然不会导致全社会利率上涨。互联网金融的现有产品依然是将资金转为银行存款，并没有转到贷款，其实这还是一种套利行为。互联网金融把资金贷款给中小企业，有利于贷款利率的下降，这正是余额宝真正想要实现的目标 。

名词解释：套利

也叫价差交易，指的是在买入或卖出某种电子交易合约的同时，卖出或买入相关的另一种合约。

余额宝是在2013年6月上线的，截至2014年2月27日，余额宝的用户量已经突破8100万，规模超过4000亿元。虽然余额宝在一定程度上改变了金融生态，也对银行形成了不小的冲击，但短期内互联网金融对传统银行的影响不会太大。

互联网金融的资金最终都会归集到银行，结算账户也是在银行进行的；而且很多互联网金融推出的理财产品的主要投资对象也是同行业，这就为银行创造了一部分价值。其实，存款和利润仅仅是在银行间进行了不同的分配，只是在结构上进行了调整，不会严重影响整个银行业。

相反，从短期来看，互联网金融不仅会提高实体经济的利润中枢，还会增加实体经济的贷款成本；从中长期来看，互联网金融对实体经济也是有积极影响的，不仅有利于改善金融服务，还会引起综合金融成本、社会承担成本的下降。

对于商业银行来说，还有很多数据没有充分利用，要向互联网金融企业学习。由此可见，新技术和创新精神的出现，让互联网金融变成了一个颠覆者，对金融领域和全社会产生了巨大影响。

国内货币市场基金规模相对较小，不能对利率市场造成严重干扰；余额宝是市场利率的跟随者，而不是决定者；信贷的可获得性和成本，主要与国家信贷政策、资金环境和金融机构的竞争格局相关，与货币市场基金的关系不大。

之所以要推出余额宝，主要目的是想给消费者放在支付宝里的钱提供一种合理、合法、稳定的收益，尤其是要让在过去很难享受到理财服务的草根人群能够零门槛、低成本地享受到适合自己的金融服务，使之成为一项普惠金融服务，有效、全方位地为社会所有阶层和群体提供金融服务。

截至 2014 年 1 月 15 日，余额宝为 4900 万户客户创造了超过 17 亿元的收益，确实为广大普通投资者增加了财产性收入，充分体现了普惠金融的精神。

（一）谁来掌管“潘多拉盒子”

有些金融界人士认为，余额宝等类似的产品所具有的金融属性和越来越大的体量中，隐含着一定的系统性风险，应该有人来监管，可是该由谁监管以及如何来监管呢?

如果类余额宝的产品越来越多，某一个机构的规模特别大，都会隐含着一定的系统性风险。将来，类余额宝的产品会越来越多，用户很可能会用某种投资品去购买商品，“潘多拉盒子”一旦打开，很可能会让一些股票货币化。

不可否认，现在的余额宝确实很像美国的货币基金，一旦货币基金出现问题，就可能引发系统性风险。只不过，这种风险在正常情况下是不会轻易发生的，只有在经济出现了宏观风险、经济增速快速下滑的时候才可能爆发。

名词解释：货币基金

这是一种开放式基金，这种基金聚集社会闲散资金，由基金管理人运作，基金托管人保管资金，专门投向风险小的货币市场，安全性高、流动性高、收益性稳定，具有“准储蓄”的特征。

有些人甚至还认为，余额宝的隐性风险不仅是系统性的，还包括法律风险和制度风险。互联网金融的三大风险，分别为：①机构法律定位不明，可能“越界”触碰法律“底线”；②资金的第三方存管制度缺失，存在一定的安全隐患；③内控制度不健全，可能引发经营风险。

其实，金融业的发展历程是一个不断走向长尾市场和去中介化的过程，互联网金融和传统金融之间应该是一种良性互动关系——新型业态与传统业态之间相互渗透、相互促进。现有的银行、保险等金融机构的部分互联网业务与互联网金融的属性并没有本质区别，所以要将它们放在同一个监管框架之内，监管时要同等对待。

（二）颠覆者的未来蓝图

虽然，“余额宝”已经成长为史上最大规模的一种公募产品，但从目前情况来看，其规模并没有严重阻碍其收益率。

2012 年，中国投资有限责任公司副总经理谢平第一次提出互联网金融模式的时候，国内理解这一概念的人很少。现在，他对互联网金融又有了更大胆的设想——互联网金融企业会对金融市场带来巨大的改变。

不可否认，这一预测是有扎实的理论依据的。因为大数据已经改变了相当一部分金融产品的定价规则。在现有的金融系统里，价格是交易发生的计量前提，很多金融产品的价格都是由金融交易来定价的。

随着大数据的推进，很有可能会产生新的社会定价形式，使交易定价消失甚至消亡。可以说，一旦这种假设延伸下去，很多金融产品的定价规则都会发生根本性改变。未来，随着支付业务的发展，在流动性趋向无穷大的时候，金融产品依然能够获得相当数量的正收益，不一定是零。

（三）要赚钱先烧钱

上线半年之后，余额宝为投资者带来了万份收益 329. 72 元的成绩，阿里巴巴能够有哪些收获？基金公司与互联网合作的付费方式有很多种，以货币基金为例。

一般来说，投资者购买货币基金的成本主要包括销售服务费、管理费和银行托管费用，收取的费用总计在 6‰左右。在这个过程中，互联网平台会拿走销售服务费；而在过去，通过银行渠道销售基金，销售服务费几乎全部都交给了银行，而且有些基金公司还要支付一定比例的尾随佣金。

还有一种收费模式是，基金公司会支付给互联网平台一定的营销费，类似于广告费。这是一种买断客户的概念，比如：客户开户给多少钱，客户成功申购货币基金给多少钱、使用支付接口给多少钱……至于客户以后的交易，互联网平台不会再另收费。

每家互联网平台都会以其推广、服务、系统建设等理由或多或少地提出费用上面的要求，但业内没有一个统一的行业规则，有些价格合理，有些要价比较高。

互联网金融是一个全新的业务模式，在定价方面不可避免地会经过一段时间磨合。要想在互联网行业获得利润，首先就要“烧钱”，然后才能摸索出一定的商业模式来赚钱。既然已经选择了和互联网进行合作，为了拓展大量的中低净值客户，前期的投入是不可避免的，而且是必需的，这样就会给基金公司带来一定的压力。

三、移动互联网下的新金融模式

移动互联网时代的到来，究竟能给金融业带来什么?

今天，移动互联网已经跨越了产业之间、产业链上下游之间的壁垒，使金融企业、互联网公司、消费电子公司、电信运营商、应用提供商、终端厂商等之间形成了一种相互融合、渗透，乃至替代式的竞争关系。

移动互联网具有开放、透明、共享、即时的显著特征，为了降低信息交换成本、客户交易成本、资源配置成本，各金融机构都在积极探索。

移动互联网下的金融模式都有哪些呢？在这里，我们简要介绍几种：

（一）第三方支付

第三支付不是仅仅局限在最初的互联网支付，而是一种综合支付工具，不仅实现了线上线下的全面覆盖，应用场景也更为丰富。

从发展路径与用户积累途径来看，目前市场上第三方支付公司的运营模式可以归为两大类：一类是独立第三方支付模式，即第三方支付平台完全独立于电子商务网站，不负有担保功能，仅仅为用户提供支付产品和支付系统解决方案，典型代表有：快钱、易宝支付、汇付天下、拉卡拉等。

另一类是依托于自有 B2C、C2C 电子商务网站提供担保功能的第三方支付模式，比如：支付宝、财付通。货款暂时由平台进行托管，同时由平台通知卖家货款到达，进行发货。在这种支付模式中，买方在电商网站选购商品后，会使用第三方平台提供的账户支付货款，如果经检验后物品没什么问题，才会进行确认，然后通知平台给卖家付款，这时第三方支付平台才会将款项转给卖方账户。

名词解释：托管人

托管人的种类繁多，有资金托管人、财产托管人、行李托管人、基金托管人等。多数情况下托管人是用在金融行业中，托管人也就是银行。

第三方支付公司的收入来源主要有：交易手续费、行业用户资金信贷利息、服务费收入和沉淀资金利息等。比较来说，独立第三方支付处于B（企业）端，担保模式的第三方支付平台则处于C（个人消费者）端，前者是通过为企业客户提供服务来间接覆盖客户的用户群的，后者则是凭借用户资源的优势逐渐渗入行业中的。

随着第三方支付的兴起，在结算费率、相应的电子货币（虚拟货币）领域给银行带来了巨大的挑战。两者之间的关系由最初的完全合作逐步转向了竞争与合作并存。当第三方支付平台走向支付流程的前端的时候，当第三方支付逐步涉足基金、保险等个人理财类金融业务的时候，银行的中间业务就会被其不断蚕食掉。

同时，第三方支付系统中积累了大量客户的采购、支付、结算等完整信息，以此为基础，可以非常低的成本联合相关金融机构为其客户提供优质、便捷的金融服务。这时候，支付公司也会逐渐渗透到信用卡和消费信贷领域。

随着第三方支付机构与商业银行的业务重叠范围不断扩大，第三方支付就会和商业银行形成一定的竞争关系。

2013 年 7 月央行又颁发了新一批支付牌照，持有支付牌照的企业已经达到 250 家。在牌照监管下，今后更多的巨头会在第三方支付领域展开竞争，一方面是类似支付宝、快钱、易宝支付等市场化形成的巨头；另一方面是依托自身巨大资源的新浪支付、电信运营商支付，以及可能的中石化、中石油的支付平台。

（二）“P2P”网络贷款平台

所谓“P2P”，即点对点信贷。“P2P”网络贷款是指通过第三方互联网平台进行资金借、贷双方的匹配，需要借贷的人群可以通过网站平台寻找到有出借能力并且愿意基于一定条件出借的人群，帮助贷款人通过和其他贷款人一起分担一笔借款额度来分散风险，也帮助借款人在充分比较的信息中选择有吸引力的利率条件。

“P2P”平台的盈利主要是向借款人收取一次性费用以及向投资人收取评估和管理费用。贷款的利率由放贷人竞标确定或者由平台根据借款人的信誉情况和银行的利率水平提供参考利率。

由于没有准入门槛，没有行业标准，没有机构监管，业内对“P2P”网贷还没有严格意义上的概念界定，因此其运营模式还没有完全定型。目前，已经出现的运营模式有以下几种：

第一种是纯线上模式，典型的平台有拍拍贷、合力贷、人人贷（部分业务）等。在这种模式中，资金借贷活动通常都是通过线上进行的，不会结合线下的审核。审核借款人资质的措施有：通过视频认证、查看银行流水账单、身份认证等。

名词解释：拍拍贷

拍拍贷成立于2007年6月，是中国首家“P2P”（个人对个人）纯信用无担保网络借贷平台。网站隶属于上海拍拍贷金融信息服务有限公司，公司总部位于上海。

第二种是线上线下结合的模式，此类模式以翼龙贷为代表。借款人在线上提交借款申请后，平台会通过所在城市的代理商采取入户调查的方式，对借款人的资信、还款能力等情况进行审核。

第三种是以宜信为代表的债权转让模式。这种模式是公司作为中间人对借款人进行筛选，以个人名义进行借贷之后再将债权转让给理财投资者。这种模式现在还处于质疑之中。

“P2P”平台在一定程度上降低了市场信息不对称的程度，对利率市场化会起到一定的推动作用。由于其参与门槛低、渠道成本低，在一定程度上拓展了社会的融资渠道。

从目前的情况来看，“P2P”网贷暂时是很难撼动银行在信贷领域的霸主地位的，不会对银行造成根本性的冲击。

“P2P”针对的主要是小微企业和普通个人用户，这些客户一般都是被银行“抛弃”的，资信水平相对较差、贷款额度相对较低、抵押物不足。而且由于央行个人征信系统暂时没有对“P2P”企业开放，“P2P”审贷效率比较低、客户单体贡献率小、批贷概率低……同时，异地的信用贷款进行信贷审核和催收会花费较高的成本，很多“P2P”平台坏债率一直居高不下。

今天，“P2P”网贷平台还处于培育期，用户认知程度不足、风控体系不健全，是“P2P”行业发展的主要障碍。有些平台“跑路”的信息也给行业带来了不利影响，这些平台绝大多数都抱着“捞一把就跑”的心态，依靠高回报率骗取投资人的资金，真正因为经营不善而倒闭的少之又少。

（三）大数据金融

所谓大数据金融，是指集合海量非结构化数据，通过对其进行实时分析，为互联网金融机构提供客户全方位信息；不断地分析挖掘客户的交易消费信息，掌握客户的消费习惯，对客户的行为进行准确预测，使金融机构和金融服务平台在营销和风控方面更有针对性。

基于大数据的金融服务平台主要是指拥有海量数据的电子商务企业开展的金融服务。对于大数据来说，最关键的是从大量数据中快速获取有用信息的能力，或者是从大数据资产中快速变现的能力，因此，大数据的信息处理往往是以云计算为基础的。

目前，大数据服务平台的运营模式可以分为平台模式和供应链金融模式，见表1-1。

名词解释：供应链金融

银行将核心企业和上下游企业联系在一起提供灵活运用的金融产品和服务。

表1-1 大数据服务平台的运营模式

模式	代表	说明
平台模式	阿里巴巴小额信贷	阿里巴巴小额信贷是以“封闭流程+大数据”的方式开展金融服务的，凭借电子化系统对贷款人的信用状况进行核定，发放无抵押的信用贷款和应收账款抵押贷款，单笔金额在5万元以内，与银行的信贷形成了非常好的互补
供应链金融模式	京东、苏宁	京东商城、苏宁的供应链金融模式以电商作为核心企业，以未来收益的现金流作为担保，获得银行授信，专门为供货商提供贷款

大数据能够通过海量数据的核查和评定，增加风险的可控性和管理力度，及时发现并解决可能出现的风险点，对风险发生的规律性可以做出精准的把握，有利于推动金融机构对更深入、透彻的数据进行分析。

虽然银行有很多支付流水数据，可是各部门之间不能互相交叉，众多的数据无法整合在一起，有了大数据金融的模式，银行就会逐渐开始对沉积的数据进行有效的利用。从这个意义上来说，大数据必然会推动金融机构不断创新品牌和服务。

今天，大数据金融模式被广泛应用在电商平台中，通过对平台用户和供应商进行贷款融资，从中获得贷款利息。随着大数据金融的不断完善，企业必然会更加注重用户的个人体验，必然会让自己的金融产品设计更加个人化。

（四）众筹

所谓众筹，就是为大众筹资或群众筹资，主要是通过“团购＋预购”的形式向网友募集项目资金的。

众筹的主要目的是利用互联网和SNS传播的特性，让创业企业、艺术家或个人将自己的创意和项目展示给大家，以获得广泛的关注和支持，进而获得所需要的资金援助。

众筹平台的运作模式大同小异——需要资金的个人或团队将项目策划交给众筹平台，经过相关审核后，便可以在平台的网站上建立属于自己的页面了，用来向公众介绍项目情况。

众筹也是有一定的规则的：

◇每个项目必须设定一定的筹资目标和筹资天数。

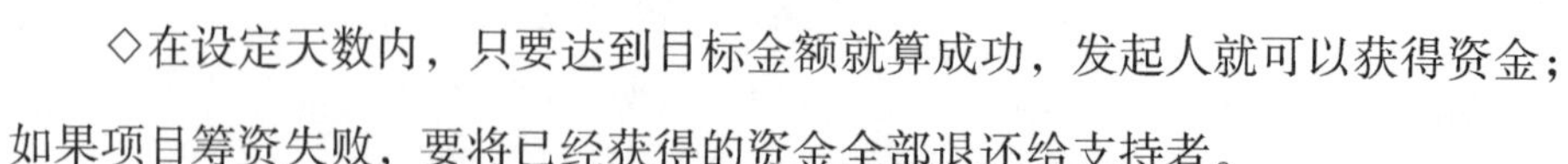

◇在设定天数内，只要达到目标金额就算成功，发起人就可以获得资金；如果项目筹资失败，要将已经获得的资金全部退还给支持者。

◇众筹不是捐款，所有支持者一定要设定相应的回报。众筹平台会从募资成功的项目中抽取一定比例的服务费用。

和热闹的“P2P”比较起来，众筹还处于一个相对安静的阶段。目前，国内对公开募资的规定很容易踩到非法集资的红线，众筹的股权制在国内发展缓慢，很难在国内做大做强，短期内对金融业和企业融资的影响非常有限。

从行业发展来看，众筹网站的发展要尽量避免“一窝蜂”的状况，因此众筹网站的运营要体现出自身的差异化，将自身的垂直化特征逐渐凸显出来。

（五）信息化金融机构

信息化金融机构一般都是通过采用信息技术，对传统运营流程进行改造或重构的，以此来经营、管理全面电子化的银行、证券和保险等金融机构。

金融信息化是金融业发展的一种必然趋势，而信息化金融机构则是金融创新的产物。从整个金融行业来看，银行的信息化建设一直都处于业内领先水平，不仅具有国际领先的金融信息技术平台，建成了由自助银行、电话银行、手机银行和网上银行构成的电子银行立体服务体系，而且以信息化的大手笔在业内独树一帜。

目前，部分银行都在自建电商平台，比如：建设银行推出的“善融商务”、交通银行推出的“交博汇”等金融服务平台。从银行的角度来说，电商的核心价值在于增加用户黏性，积累真实可信的用户数据，这样银行就可以依靠自身的数据去不断发掘用户的需求了。

名词解释：交博汇

“交博汇”是交通银行推出的新一代网上商城。“交”代表交通银行，“博”代表博览会，具有多、广、大的含义，“汇”有汇聚、交汇的意思，通“会”。

没有互联网基因的银行为什么要一拥而上推广电商平台?

(1) 从经营模式上来说,传统的银行贷款是流程化、固定化的,为了节约成本、控制风险,银行更喜欢针对大型机构进行服务,而电商平台通过一定的信息技术可以有效缓解甚至解决信息不对称的问题,为银行和中小企业的直接合作搭建一个健康的平台,以此来增强金融机构为实体经济服务的职能。

(2) 建设电商平台,银行就可以打通银行内各部门的数据孤岛,形成一个“网银+金融超市+电商”的三位一体的互联网平台,积极应对互联网金融的浪潮和挑战。这才是最重要的!

(六) 互联网金融门户

互联网金融门户是指利用互联网进行金融产品的销售,以及为金融产品销售提供第三方服务的平台。其采用的“搜索+比价”的模式,将各家金融机构的产品放在平台上,用户可以通过对比挑选出合适自己的金融产品。

名词解释:比价

比价,即价格比较,在经济活动中通过比较不同产品之间价格的高低,决定商业选择,以降低成本、实现物美价廉。

随着互联网金融门户多元化的创新发展,已经形成了一个第三方理财机构,主要用来提供高端理财投资服务和理财产品,比如:保险产品的咨询、比价、购买等服务。

名词解释：理财

指的是对财务（财产和债务）进行管理，实现财产的保值、增值。

该平台既不负责金融产品的实际销售，也不承担任何不良的风险，资金完全不通过中间平台，因此没有太多的政策风险。

互联网金融门户最大的价值就在于它的渠道价值。互联网金融分流了银行业、信托业、保险业的客户，加剧了这些行业的竞争。随着利率市场化的逐步到来以及互联网金融时代的来临，对于资金的需求方来说，只要能够在一定的时间内、在可接受的成本范围内筹集到资金就可以了，不管钱是来自工商银行、建设银行，还是“P2P”平台、小贷公司，抑或是信托基金、私募债等，都不重要。

本章小结

☞在支付宝网站内，用户不仅可以直接购买基金等理财产品，还可以随时进行网上购物、支付宝转账等业务。

☞余额宝更大的优势在于：不仅能够提供比较高的收益，还能全面支持网购消费、支付宝转账等几乎所有的支付宝功能。也就是说，余额宝中的资金不仅在时刻保持增值，还能随时用于商品的消费。

☞随着大数据的推进，很有可能会产生新的社会定价形式，使交易定价消失甚至消亡。可以说，一旦这种假设延伸下去，很多金融产品的定价规则都会发生根本性改变。

☞互联网金融是一个全新的业务模式，在定价方面不可避免地会经历一段时间的磨合。要想在互联网行业获得利润，首先就要“烧钱”，然后才能摸索出一定的商业模式来赚钱。

☞第三方支付不是仅仅局限在最初的互联网支付，而是一种综合支付工具，不仅实现了线上线下的全面覆盖，应用场景也更为丰富。

☞金融信息化是金融业发展的一种必然趋势，而信息化金融机构则是金融创新的产物。

☞互联网金融门户既不负责金融产品的实际销售，也不承担任何不良的风险，资金完全不通过中间平台，因此没有太多的政策风险。

第二章　传统金融的不能承受之重

一、互联网金融与金融互联网

理财的过程中，有些人经常会将互联网金融和金融互联网搞混，有些人甚至还认为互联网金融就是金融互联网，其实两者是完全不同的两个概念，有着本质的区别!

（一）互联网金融

互联网金融是一种新兴金融，它是依托在支付、云计算、社交网络和搜索引擎等互联网工具之上的，主要进行资金融通、支付和信息中介等业务。

互联网金融不是互联网和金融业的简单结合，而是在实现安全、移动等网络技术的水平上，被用户熟悉接受后（尤其是对电子商务的接受），为适应新的需求而产生的一种新模式和新业务，是传统金融行业与互联网精神相结合而出现的一个新兴领域。

互联网金融与传统金融的区别不仅在于金融业务所采用的媒介不同，更重要的在于：金融参与者一般都非常熟悉互联网“开放、平等、协作、分享”的精髓，通过互联网、移动互联网等工具，可以让传统金融业务的透明度更强、参与度更高、协作性更好、中间成本更低、操作上更便捷。

从理论上来说，所有涉及广义金融的互联网应用都可以叫作互联网金融。今天，互联网金融的发展已经经历了网上银行、第三方支付、个人贷款、企业融资等多阶段，并且在融通资金、资金供需双方的匹配等方面深入到了传统金融业务的核心。

目前，互联网的金融格局主要由传统金融机构和非金融机构组成。

（1）传统金融机构主要包括：传统金融业务的互联网创新和电商化创新等。

（2）非金融机构则主要是指，利用互联网技术进行金融运作的电商企业、创富贷（“P2P”）模式的网络借贷平台，众筹模式的网络投资平台，挖财类的手机理财 APP、第三方支付平台等。

名词解释：挖财

挖财，成立于2009年6月，由杭州财米科技有限公司创办，专注于个人记账理财领域，是目前国内唯一的全平台记账理财平台。

当前，中国主要的互联网金融模式有：

●模式一

传统的金融借助互联网渠道为大家提供服务。网银就是典型的例子。互联网在其中发挥的是渠道的作用。

●模式二

类似阿里巴巴金融。这种模式具有电商的平台，为其提供信贷服务。互联网在里边发挥的作用是依据大数据进行收集和分析，得到信用支持。

●模式三

“P2P”的模式。这种模式更多地提供了中介服务，可以把资金出借方需求方结合在一起。发展到今天，由“P2P”的概念已经衍生出了很多模式。

如今，中国网络借贷平台已经超过2000家，平台的模式也各有不同，归纳起来主要有以下四类：

1. 担保机构担保交易模式

这是一种相对安全的“P2P”模式，主要体现在：

◇此类平台不吸储，不放贷，只提供金融信息服务，由合作的小贷公司和担保机构提供双重担保。

名词解释：吸储

银行、信用社等吸收存款。例如：增加储蓄种类，扩大吸储渠道。

◇这种模式首先是在创富贷平台创立的，创富贷与中安信业共同推出了产品——机构担保标。

◇此类平台的交易模式金额绝大多数都是“1对多”，即一笔借款需求由多个投资人投资。

◇此种模式可以保证投资人的资金安全，中安信业、证大速贷、金融联等中国大型担保机构都已经介入到这一模式中。

2. 大型金融集团推出的互联网服务平台

与其他平台仅仅几百万元的注册资金相比，陆金所4个亿的注册资本显得异常显眼。此类平台不仅有大集团的背景，还是由传统金融行业向互联网进行布局的，因此在业务模式上金融色彩更浓，比如风险控制。

陆金所的“P2P”业务采用线下的借款人审核，不仅与平安集团旗下的担保公司合作进行了业务担保，还从境外请来了专业团队来做风控。

线下审核、全额担保虽然是最靠谱的手段，但成本一般都比较高，并非所有的网贷平台都能负担，无法作为行业标配进行推广。值得一提的是，陆金所采用的是“1对1”模式，1笔借款只有1个投资人，投资人需要亲自在网上操作投资，而且投资期限为1~3年，所以在刚推出时不仅很难买到，而且流动性不高。

3. 以交易参数为基点，结合O2O的综合交易模式

这种小贷模式创建的“P2P”小额贷款业务，不仅为电商加入了授信审核体系，还对贷款信息进行了整合处理，例如阿里巴巴小额贷款。这种模式在客户资源、电商交易数据和产品结构等方面都占有一定的优势，其线下还成立了两家小额贷款公司，对平台客户进行服务。这样，线下商务的机会就与互联网结合在一起，互联网也就变成了线下交易的前台。

4. 以“P2P”网贷模式为代表的创新理财方式

这种方式受到了广泛的关注和认可。与传统金融理财服务相比，“P2P”的借款人主体是个人，以信用借款为主。借款来源一端被严格限制：第一，要有良好的实体经营；第二，能够提供固定的资产抵押；第三，有借款需求的中小微企业。

这种理财方式依托搭建的线下金融担保体系，从结构上彻底解决了“P2P”模式中的固有矛盾，安全保障更实际、更有力。

●模式四

开放共享的互联网金融平台。此平台通过交互式营销，充分借助互联网手段，把传统营销渠道和网络营销渠道紧密结合；使金融业实现了由“产品中心主义”向“客户中心主义”的转变；调整了金融业与其他金融机构的关系。

这种模式发展时间比较短，平台的模式也各有不同，归纳起来主要有以下三大类：

1. 专业“P2P”模式

定义：这种模式，是在专业的金融服务人员之间建立起一个信息交换和资源共享的平台，在中间从事信息匹配和精准推荐，可以有力促进线上信任的建立和交易的欲望。

优势：专业“P2P”模式的本质不仅符合金融监管的规则，符合当前金融机构自身发展的需求，更符合互联网的精神与特质。

2. 金融混业经营模式

定义：通过互联网平台对所有金融机构开放共享资源，为金融产品销售人员发布各种金融理财产品、项目信息，为客户打造和定制金融理财产品。

特点：这种经营模式是为500万金融机构和非金融机构及客户经理提供服务的，同时还包括房产、汽车、奢侈品等行业的销售人员。这是一个可以开放共享、进行综合开拓交叉销售的平台，可以为客户提供悬赏、交易、展示、学习、管理和服务等服务。

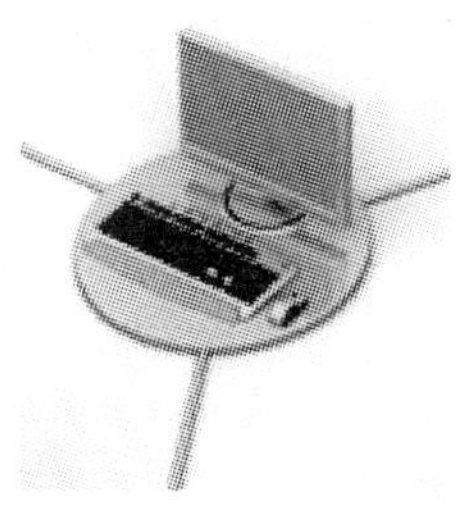

3. 金融交叉销售模式

定义：打破理财行业的机构壁垒，通过平台上各类理财产品的展卖，逐渐集合投资人资源，促进金融产品的销售。

特点：金融产品销售人员可以在平台上进行内部的交流沟通和资源置换，

在不同产品领域寻找并组建自己的合作团队；实现了利益分享规则后，团队内会对投资人资源进行分享，为投资人推荐产品进行资产配置，实现不同销售人员之间的交叉合作，实现共赢。

（二）金融互联网

当传统的金融业务与新兴的互联网技术结合在一起的时候，会产生什么样的化学反应？

在很多人的头脑中，传统金融行业的“互联网化”主要体现在网银上，以往需要去营业厅排队办理的业务，今天大多数都已经可以在网上完成了。数据显示，2012 年我国个人网银柜台业务替代率高达 56%，企业网银替代率达到 65.8%。由此可见，一半以上的柜台业务都被网上银行所替代。

调查显示，2012 年中国网上银行市场全年交易额达到 995.8 万亿元，截至 2012 年底，网银注册用户数更是达到 5.64 亿。这一数字相当于日本总人口的 4.4 倍，也是美国总人口的 1.7 倍；995.8 万亿元的规模则相当于中国 2012 年 51.9 万亿元 GDP 的 19.1 倍……一个巨大的市场出现在人们的视野中。

可是，网银仅仅是金融互联网化的一个开始。种种迹象表明，互联网已经广泛渗透到了金融产品的销售领域，传统的银行、证券、基金、保险公司的营销和业务办理模式不见了，人们开始越来越多地依赖于互联网平台。

名词解释：证券

有价证券是一种具有一定票面金额，证明持券人或证券指定的特定主体拥有所有权或债权的法律凭证。

最近几年，“触网”的金融机构越来越多，它们将互联网作为新的销售渠道。从最初自建积分商城、信用卡商城，到代售基金、保险、机票、汽车等多样化的产品，再到建立电子商务金融服务平台、开网店销售产品、与网店合作推出金融产品……网络的痕迹随处可见。

二、大数据系统正在变革

大数据的出现，以人类史上从未有过的庞大容量、极大的复杂性、快速的生产和经济可得性，使人类第一次试图从总体、混杂性、相关关系等方面来测量、计量我们这个世界。不管你是否接受，大数据时代已经呼啸而至；不管你是恐惧还是欣喜，大数据金融正在悄悄靠近你。随着大数据时代的来临，大数据金融已经出现曙光。

大数据是技术进步的产物，其中最关键的是云技术的进步。在云技术中，虚拟化技术是最基本、最核心的组成部分。计算虚拟化、存储虚拟化和网络虚拟化技术，使得大数据在数据存储、挖掘、分析和应用分享等方面不仅有着较强的技术可行性，在经济上也可接受。

名词解释：虚拟化

是指通过虚拟化技术将一台计算机虚拟为多台逻辑计算机。在一台计算机上同时运行多个逻辑计算机，每个逻辑计算机可以运行不同的操作系统，应用程序都可以在相互独立的空间内运行而互不影响。

今天，人类的思维方式、行为方式和社会生活的诸多形态正在发生新的变化。从这个意义上讲，大数据不仅是一场技术运动，更是一次哲学创新。

（一）大数据金融

如今，大数据对许多行业的影响和冲击已经表现出来，例如：商业零售、物流、医药、文化产业等。金融，作为现代经济的中枢，也已经透出了大数据金融的曙光。

2013 年，中国金融界热议的或许是互联网金融，有人甚至指出 2013 年是中国互联网金融元年。在这一年中，第三方支付、“P2P”、网贷、众筹融资、余额宝、微信支付等获得了迅速发展；众多传统金融业者或推出自己的电商平台，或与互联网企业联手提供相应的金融产品和服务。

互联网金融，无论是业界、监管者或理论界，都在试图给出自己的理解和定义。但到目前为止，还没有出现一个统一的、规范的概念。其实，互联网金融本来就是一个不确切的概念，也不可能有一个明确的定义。严格来说，所谓互联网金融只是大数据金融的一种展现形态。无论是互联网还是金融业，其实质都是大数据。

首先，对互联网企业来说，流量、客户等数据是其涉足金融业的基石。

对金融企业来说，提供中介服务、撮合金融交易也是以数据为基础的。

其次，没有大数据技术的支撑，所谓的互联网金融是很难快速、持续成长的。20 世纪 90 年代互联网获得了蓬勃发展，至今已经近 20 年，可是从世界范围来看，互联网金融却发展缓慢。当然，其中原因很多，但其主要原因则是大数据技术是在最近几年才快速发展起来的。

最后，从金融企业来看，其在数据中心建设、软硬件系统建设、数据（信息）挖掘、分析等方面也是做得有声有色。面对庞大的客户数据、海量的交易记录和众多的信息源，很多金融企业都在大数据应用方面做了许多积极探索。

（二）大数据金融的特征

大数据金融有以下七大特征：

1. 网络化的呈现

在大数据金融时代，大量的金融产品和服务都是通过网络来展现的，包括固定网络和移动网络。其中，移动网络将会逐渐成为大数据金融服务的一个主要通道。

随着法律、监管政策的完善，随着大数据技术的不断发展，将会有更多、更加丰富的金融产品和服务通过网络呈现。支付结算、网贷、“P2P”、众筹融资、资产管理、现金管理、产品销售、金融咨询等都将通过网络来实现，金融实体店将大量减少，其功能也将逐渐转型。

2. 基于大数据的风险管理理念和工具

在大数据金融时代，风险管理理念和工具也会获得适度调整。例如：

名词解释：风险管理

指的是如何在一个肯定有风险的环境里把风险减至最低的管理过程，主要包括对风险的度量、评估和应变策略。

（1）在风险管理理念上，财务分析、可抵押财产或其他保证的重要性将会逐渐降低。

（2）交易行为的真实性、信用的可信度通过数据的呈现方式将会更加重要。

（3）风险定价方式将会出现革命性变化。

（4）对客户的评价将是全方位、立体的、活生生的，而不再是一个抽象的、模糊的客户构图。

3. 信息不对称性大大降低

大数据金融会大大降低金融产品和服务的消费者和提供者之间信息不对称程度。对某项金融产品（服务）的支持和评价，消费者可以实时获得该信息。

4. 高效率性

大数据金融是高效率的，主要体现在：

（1）许多流程和动作都是在线上发起和完成的，有些动作是自动实现的。

（2）在合适的时间，合适的地点，把合适的产品以合适的方式提供给合适的消费者。

（3）强大的数据分析能力可以将金融业务做到效率极高，交易成本也会大幅降低。

5. 金融企业服务边界扩大

首先，就单个金融企业来说，它最适合扩大经营规模。随着效率的逐渐提升，其经营成本必然会随之降低。除此之外，金融企业的成本曲线形态也会发生变化，长期平均成本曲线的底部会更快来临，也会变得更平坦更宽。

其次，基于大数据技术，金融从业人员个体服务的对象会更多。单个金融企业从业人员会出现减少的趋势，至少其市场人员会逐渐减少。

6. 产品的可控性、可受性

通过网络化呈现的金融产品，对消费者来说，是可控、可受的。

◇所谓可控是指在消费者看来，其风险是可以控制的。

◇所谓可受是指在消费者看来，首先其收益（或成本）是可以接受的；其次，产品的流动性也是能够接受的；最后，消费者基于金融市场的数据信息，其产品也是可以接受的。

7. 普惠金融

大数据金融的高效率性和扩展的服务边界，使金融服务的对象和范围也大大扩展，金融服务也和老百姓联系在了一起。例如，金额极小的理财服务、存款服务、支付结算服务等，普通老百姓都可以享受到，就连一些金额极小的融资服务也会普遍发展起来。

三、“自金融”将成为平民理财主流

有这样一个故事：

一天，李海打车出去办事，到达目的地的时候，才发现自己没带零钱。

他问司机："师傅，我忘了带零钱了。你手机号是多少，我将车钱汇给你。"

司机将自己的手机号码告诉了李海，很快便收到了建行 95533 发来的短信，显示李海已经发起一笔 20 元的跨行汇款。

司机把自己的银行卡号回复给建行后，便收到了账户开户行发来的余额变动提醒：账户已转入 20 元。

看了这个故事，一般人都会感到不可思议，用手机号码就能得到钱？其实，这是一种"自金融"。借助手机银行，人们就可以将生活中的碎片时间充分利用起来，不仅能随时随地办理转账汇款、投资理财、贵金属投资等传统银行业务，还能轻松办理购买电影票、生活缴费、话费充值等相关事宜，生活更加便捷和轻松。

随着移动支付、"P2P" 网贷和众筹融资等互联网金融创新业务的结合运用，为了有效吸引客户，为了从传统金融那里分得一杯羹，"自金融" 的运营模式也加入到了抢占市场的行列。

随着互联网企业的步步紧逼，一些大型国有银行不约而同地将电子银行作为了自己的战略重点，将自己的发展方向定在了"自金融"上。采用这种理财方式，不管是办理转账汇款、投资理财，还是缴费购物，甚至申请贷款，都可以在自己的手机、电脑上自助完成，不仅可以有效降低金融交易的成本，还可以使金融更加自由、自助、开放、互联。

有了电子银行等“自金融”渠道，客户每天只要带着自己的手机和电脑，就能自助办理各项业务。“自金融”不仅顺应了消费者的日常习惯，还推动了电子银行成了非常重要的一个“空中网点”。比如：建设银行上海市分行，电子银行账务类交易量占49%，自助渠道占37%，柜面仅占14%，电子渠道处理能力大约相当于1100多个网点的业务处理能力。

从本质上来说，互联网金融是大数据、云计算、互联网、移动支付等信息技术在金融领域的运用。互联网的开放、包容和便捷性大大地降低了服务成本，使得过去传统金融难以覆盖的人群进入了服务范围，可是互联网金融并没有改变金融功能的本质。

传统上，金融一共有四项最基本功能：银行创造信用货币、证券公司做投融资中介、信托机构替别人理财、保险的经济补偿。这四个最基本功能并不会因为互联网的进入而发生改变。互联网的特性不仅让金融行业的服务群体无限扩大了，而且直接融资变得更加方便快捷，从这个意义上来说，互联网的出现让金融进入了“自金融”时代，是金融改革的一个助推器。

名词解释：信用货币

以信用作为保证，通过信用程序发行和创造的货币。信用货币是由银行提供的信用流通工具。其本身价值远远低于其货币价值，而且与代用货币不同，它与贵金属完全脱钩，不再直接代表任何贵金属。

2013年，业界将其称为互联网金融元年。随着第三方支付平台的稳健发展，“P2P”模式在中国跌宕起伏，传统金融的部分边界渐渐变得模糊不清。

不管是金融网销，还是互联网小贷；不管是虚拟货币，还是理财 APP，都在不同程度上对金融行业造成了重要影响。

如果说 2013 年是互联网金融发展元年，那么，2014 年必然会成为互联网金融的爆发年。随着移动支付、“P2P”网贷、众筹融资等互联网金融创新业务的不断发展，新一代互联网技术会迅速崛起，它们在一定程度上会取代传统的支付业务、存贷款业务、证券业务、云计算、大数据、社交网络等，传统金融领域必然会出现始料不及的新变化。

四、公募基金陷入窘困境地

公募基金是受政府主管部门监管的、向不特定投资者公开发行的一种受益凭证的证券投资基金。这些基金在法律的严格监管下，有着信息披露、利润分配、运行限制等行业规范。目前，在国内证券市场上，无论是开放式的，还是封闭式的，基金基本上都是公募基金。

2012 年 11 月，证监会正式颁布实施了《证券投资基金管理公司子公司管理暂行规定》，很多专户子公司相继成立。可是，和信托公司比较起来，公募基金的风控经验不多，如果公募带头涉入类信托业务，如果风控出现了问题，是很容易遭银行叫停的。而且，到目前为止，绝大多数公募子公司的注册资金都是 2000 万～5000 万元，相比信托公司动辄数十亿元的注册资金，就显得有点寒酸了。

今天，公募基金已经不再像几年前那样一枝独秀，百姓的投资工具已经逐步迈入多元化时代。保险、私募、银行理财、券商集合理财等逐渐代替了开放式基金，分流了其资产规模。虽然公募基金经过十多年的发展，已经取得了令人瞩目的成绩，可是在这一行业的快速成长过程中，也逐步显现出了行业目前所面临的困境。

名词解释：券商

是经营证券交易的公司，或称证券公司。在中国有申银万国、齐鲁、银河、华泰、国信、广发等。其实，就是上交所和深交所的代理商。

（一）信任危机

改革开放以来，我国经济经过30年的高速增长，社会财富和金融资产的积累已经相当可观，各类机构和个人有着巨大的资产管理需求，可是很多资产并没有流向基金行业。

资料显示，截至2010年9月，我国各类存款余额达70万亿元，沪深股票市值24万亿元，债券市场市值19万亿，金融资产总额超过120万亿元。从社会居民拥有的财富看，到2010年9月居民储蓄存款余额达30万亿元，自2005年以来年均增长16.2%。

在社会公共资产方面，目前我国的社保基金规模已经达到8000亿元，企业年金规模约有2500亿元。研究发现，目前我国养老金的缺口大约有1.3万亿元，逐渐提高社保资产的投资收益率，让老百姓的养老钱能真正发挥作用，才是重中之重。

与上面的这些资产规模比起来，基金行业所管理的资产规模显然不值一提。虽然基金公司的投资能力已经实现了战胜通胀、保值增值的目的，可是由于某些制度性原因的存在，基金行业出现了前所未有的信任危机，基金公司正在逐步丧失管理这些资产的机会。

由于对基金公司产品的过度监管，致使基金产品出现了同质化倾向，这样基金公司为投资者提供多元化财富管理方案的机会被剥夺了。

比如，监管部门对股票型基金确定了严格的投资比例，即使是出现了大幅下跌，基金资产也必须符合最低仓位限制。在这种规定的制约下，面对变幻莫测的市场行情，基金经理会显得无能为力，只能“听天由命”，这样自然就无法满足投资者的要求了。

再如，股指期货本来是管理风险的一种有力工具，可是在修改基金合同的时候遇到了很多法律法规和监管方面的障碍，因此任何一家基金公司都不能在已发行的公募产品上合理应用股指期货，这样就会严重损害基金持有人的利益。

虽然在推出专户理财业务后，这些状况也会得到一定的改善，可是在《基金管理公司特定客户资产管理业务试点办法（征求意见稿）》中对客户的资产规模依然做了3000万元的规定，这就告诉我们，对于那些资产规模少于3000万元的客户来说，他们依然不能委托基金公司进行资产管理，只能将自己的资金委托给私募基金或者商业银行的理财业务部门……

名词解释：私募基金

是一种私下或直接向特定群体募集的资金。与之对应的是公募基金：是向社会大众公开募集的资金。人们平常所说的基金主要是共同基金，即证券投资基金。

如此多的限制，必然会直接导致基金产品的同质化。今天，私募基金还处于无人监管的状态，信息披露不公开、公司存续周期短、普遍缺乏完善的公司治理和管理体系，会给投资者带来较大的风险；银行理财产品虽然规模很多，可是在这样一个负利率时代，绝大多数理财产品的收益率都是无法战胜通货膨胀的。

名词解释：负利率

指的是在某些经济情况下，存款利率小于同期 CPI 的上涨幅度。这时居民的银行存款随着时间的推移，购买力逐渐降低，看起来就好像在“缩水”一样，被形象地称为负利率。

（二）人才流失严重

基金行业与实体经济行业有着本质的区别。

证券投资是一种融科学、经验和艺术于一体的高智脑力劳动，优异的投资业绩一般都是由优秀的投资人才创造的。从这个意义上来说，支撑这个行业的既不是机器设备、固定资产等有形资产，也不是土地和专利技术等无形资产，而是人力资本，是专业人才。

对于基金公司来说，不管是业务研究，还是投资交易，抑或是产品设计和技术支持，都需要一支由专业人才组成的团队。优秀的专业人才是基金公司的核心竞争力所在，可是，最近几年基金公司的人才却流失严重。数据显示，2008 年全行业的基金经理流失 136 人次，2009 年为 237 人次，2010 上半年为 222 人次，人才流失数逐渐上扬，对于基金行业来说，这样的人才流动速度是非常不正常的。

如果这样的人才流动是发生在基金行业内部，就是良性的，不仅有利于人力资源的最优配置，还可以提高行业的整体水平。可是，很多优秀的基金经理人都离开了基金行业，进入了私募基金领域。要想培养一名优秀的基金经理人，基金公司一般都要投入巨大的人力、财力、物力，可是随着基金经理人的流失，公募基金行业却变成了私募基金的廉价培训基地。

其实，基金经理和行业优秀人才之所以愿意离开，也是有原因的，比如：在现有的制度条件下，基金行业的发展前景不被看好；曝光度过高，压力过大；原有公司缺乏激励机制，被高薪酬、好待遇所吸引……这些原因反映出的都是深层的制度性原因，人才的大量流失是对基金行业的一个否定。

（三）生存空间缩小

最近几年，基金行业的资产规模一直都徘徊不前，基金份额出现下降，生存空间逐渐缩小。之所以会出现这种情况，主要就在于商业银行和私募基金不受监管，明目张胆地与公募基金争取客户和资产，挤压了基金行业的业务空间。主要体现在这样几个方面：

（1）虽然目前私募基金管理的资产规模还无法与公募基金相比，可是，私募基金产品的增长速度的确是令人吃惊的。

（2）商业银行利用自身的客户资源优势和渠道优势，大量吸收各类资金，逐渐扩大了自己的理财业务范围。在这些理财产品中，有些是属于类信贷产品的。

（3）商业银行利用自己的渠道优势，在基金销售中收取了一定量的基金公司的管理费——尾随佣金。目前，一些大型商业银行甚至将新发行基金的管理费收取比例提高到了75%，这个比例是基金公司难以承受和容忍的。

商业银行长期收取基金公司的管理费不仅挤压了基金行业的生存空间，也严重扭曲了契约型基金管理中的信托责任关系，会严重损害基金持有人的利益！

（四）公司治理不当

持有人利益高于一切的原则与一般企业的目标函数相悖。可是，很多基金公司的股东（尤其是大股东）经常会从自身利益出发，完全不顾基金公司治理的特殊性，一厢情愿地按照一般公司的治理方式来干预基金公司的人事安排、重大决策和经营活动。

治理得不当，不仅会加剧基金公司的人才流失，还会让基金公司缺乏长远的发展目标。概括起来，基金公司管理的复杂性体现在这样几个方面：

首先，基金公司在公司治理结构上有着很大的独特性，完全不同于其他任何组织形式的公司或企业。对于一般企业来说，企业的目标就是为了实现股东的利益。

可是，在基金公司中存在双重的“委托—代理”关系，“委托—代理”理论很难对这种目标作出解释。一方面，基金公司的股东一般都是出资人，与基金公司之间存在着“委托—代理”关系；另一方面，基金持有人和基金公司之间也是典型的“委托—代理”关系。对于基金公司来说，强调的是“持有人利益高于一切”。

其次，在国外，基金公司的绝大部分交易都是通过电子化算法交易来减少冲击成本的。可是，在我国不管基金的规模有多大，绝大多数的交易依然是手工操作。面对市场的剧烈动荡，基金经理不计成本买卖股票，会严重损害持有人的利益。

最后，基金经理一般都有自己的投资偏好，经常会忽视基金产品的风险收益特征，承担的风险可能会超出基金持有人愿意承受的范围，这样也会损害基金持有人的利益。这种损害是真实存在的，只不过不像“老鼠仓”那样显性化、难以量化。

名词解释：老鼠仓

老鼠仓是一种无良经纪对客户不忠的“食价”做法。指庄家在用公有资金拉升股价之前，先用自己个人的资金在低位建仓，等到用公有资金拉升到高位后，个人仓位率先卖出获利。

五、“二八定律”将被改变

随着金融市场的不断变化，很多投资者都想起了颇为经典的“二八定律”。

“二八定律”也叫巴莱多定律，是由19世纪末20世纪初意大利经济学家巴莱多发明的。他认为，在任何一组东西中，最重要的只占其中的一小部分，大约有20%；其余的80%占了多数，却是次要的，因此又称“二八法则”。

按照这条定律来分析，在组织中，20%的人通常代表80%的人的发言权；在销售公司里，80%的销售额是由20%的商品带来的；在经营上，20%的企业控制着80%的市场等。如果将这一原则运用在金融股市中，就会出现这样的表述：

通常一轮行情只有20%的个股能成为黑马，80%的个股会随大盘出现起伏；80%的投资者会和黑马失之交臂，仅有20%的投资者与黑马有一面之缘，能够真正骑稳黑马的更是少之又少。

名词解释：黑马股票

是指价格可能脱离过去的价位而在短期内大幅上涨的股票。黑马股票是可遇而不可求的，一般来说被大家都看好的股票是很难成为黑马的。投资者不用刻意地去搜寻黑马，只要是好股票，就可以赚到钱。

互联网金融是中国带给世界的礼物。中国传统金融虽然落后美国20年，可是互联网金融却基本和美国接轨，中国将美国大数据技术运用到互联网金融发展上，实现了飞速发展。

在过去，传统金融业严格遵循“二八法则”，即20%的客户创造80%的利润，处于“长尾”的客户是不会创造利润或者创造很少利润的。可是现在，由于互联网的渠道便利以及大数据的运用，出现了“一元就可理财”的现象，这种现象在过去是没有出现过的，很有可能会改变长期公认的“二八法则”。

今天，在大数据的发展过程中，有很多创新工作需要解决。随着互联网金融的推进，负债资产必然会实现操作，开鑫贷的模式也会在全国得到大范围的推广。因此，互联网金融完全可以彻底改变“二八法则”，将给银行、传统金融机构等带来巨大的压力，相信未来的金融市场，80%将由互联网金融提供。

六、互联网金融模式与传统金融模式的对比

比较起来，互联网金融模式与传统金融模式有这样几个不同之处：

（一）参与者不同

在传统金融模式中，商业银行作为金融中介，除了股票等直接投资方式之外，所有的投融资活动都是以商业银行为中心展开的。因此，在传统金融模式中，其参与者可以分为三大类：投资者、银行、融资方。

互联网金融的发展加快了金融脱媒的步伐，资本市场上，直接融资取代了间接融资，经济发展也从银行主导的经济格局转变为以市场为主导的格局。所以，在互联网金融模式中，银行失去了以往的霸主地位，参与的投资方和融资方直接实现了资金对接。

金融脱媒不仅降低了投融资的成本，还提高了投融资效率，使得银行不得不向中间业务转型。

（二）操作平台不同

传统金融模式的大部分业务来自于消费者到金融机构网点的实体操作，客户必须亲自到银行或券商的营业网点办理有关的存取、买卖业务。

而在互联网金融时代，互联网平台给每一位用户都提供了自助化的财富管理通道。各家互联网金融商把金融超市开到了互联网大平台，跨越了时间和空间的限制，用户不用走出家门就可以进行财富管理，大大降低了理财成本。

（三）征信体系不同

人民银行的征信系统在经济和社会中发挥着重要作用，其统计的指标都是商业银行信贷业务审核的重要信息，所以商业银行信贷业务的开展对人民银行的征信体系有着较强的依赖性。

互联网金融机构属于法律规定的非金融机构，不能加入人民银行的征信体系，更不准许使用征信系统的信息，网贷企业的风险无形之中就增加了，线上线下信用信息的交换与更新也就很难实现。

整个互联网金融行业缺乏一个覆盖面广泛、受众更宽的征信系统，整个行业的信用信息缺失问题无法解决。

（四）信息处理不同

在传统融资模式下，金融机构获得投资企业，特别是小微企业信息的成本一般都比较高，需要花费大量的人力、时间成本，收益与成本不匹配。同时，在获得信息后，金融机构处理信用信息也需要花费较多的时间和精力；除此之外，还要受到人为主观因素的影响，这样就增加了信贷风险。

大数据和云计算技术的发展极大地降低了互联网金融机构的信息不对称。随着人们与互联网关系的日益密切，客户在互联网上会留下众多交易信息痕迹，在社交网络和电商中就生成大数据。

在信息搜集的过程中，强大的搜索引擎对数据进行有效筛选和组织，可以有针对性地满足信息需求。在进行信贷审查的过程中，互联网金融企业能够通过搜索引擎迅速寻找到目标信息，大大节省了决策时间。在信息处理的过程中，云计算和云存储技术的利用有效地提高了大数据的分析处理效率和存储稳定性。

名词解释：云存储

是将储存资源放到云上供人存取的一种新兴方案。使用者可以在任何时间、任何地方，通过任何可联网的装置连接到云上，方便地存取数据。

（五）支付方式不同

与现金、票据和信用卡等传统的支付方式比较起来，在互联网金融模式中，支付方式以移动支付为基础。个人和机构都能够在中央银行的支付中心（超级网银）开账户（存款和证券登记）。证券、现金等金融资产的支付和转移通过移动互联网络进行支付清算电子化，替代现钞流通。

在互联网金融模式中，第三方支付业务异军突起。互联网第三方支付业务具有方便快捷、费用低廉和交易安全等优势，一方面可以有效解决小额支付下产生的货款转账不便的问题；另一方面还可以大大降低由于信息不对称所导致的互联网交易的欺诈风险，使消费者的合法权益得到充分保障，促进支付行业的健康发展。

（六）信贷产品不同

由于受到其运营模式的限制，各家商业银行的传统信贷产品大多同质化、期限不等，但期限相对较长，缺乏灵活性，不能完全满足投资者的理财需要。

在互联网金融模式下，资金的供需双方能够直接对接，信息高度对称，可以为客户量身打造一个完全符合其需求的信贷产品。在这种资源配置方式下，不管是双方交易，还是多方交易都可以同时进行，信息充分透明，定价完全竞争，效率最高。

（七）信贷风险不同

无论是传统金融，还是互联网金融模式，信贷风险的来源都是信息不对称。在传统金融模式中，信贷的信息搜集与审核一般都容易受到人为因素的影响和控制。由于在实际生活中能取得的数据信息有限，以及缺乏处理数据的有力工具，传统金融在信贷风险的评估方面受到较大的限制。

互联网金融在大数据和云计算的支撑下，可以在很大程度上解决信息不对称的问题，大大降低了互联网金融企业的信贷风险。可是，在网络的虚拟世界依然无法完全实现信息的对称，所以互联网金融也依然面临着信贷风险的有效防范问题。

（八）运行成本不同

与传统金融相比，互联网金融企业的运营成本很低。互联网金融企业的成本主要集中在大数据的开发与维护、平台的研发与创新、产品创新上，节省了设置营业网点的费用、日常服务的职工工资和网点的系统和设备维护费用，更节约了在信贷审核过程中的人力、时间成本，这样无形中就提高了企业的竞争力。

本章小结

☞通过互联网、移动互联网等工具，可以让传统金融业务的透明度更强、参与度更高、协作性更好、中间成本更低、操作上更便捷。

☞在大数据金融时代，会大大降低金融产品和服务的消费者和提供者之间信息不对称程度。对某项金融产品（服务）的支持和评价，消费者可以实时获得该信息。

☞采用“自金融”理财方式，不管是办理转账汇款、投资理财，还是缴费购物，甚至申请贷款，都可以在自己的手机、电脑上自助完成，不仅可以有效降低金融交易的成本，还可以使金融更加自由、自助、开放、互联。

☞今天，百姓的投资工具已经逐步迈入多元化时代。保险、私募、银行理财、券商集合理财等逐渐代替了开放式基金，分流了其资产规模。虽然公募基金经过十多年的发展，已经取得了令人关注的成绩，可是也逐步显现出了行业目前所面临的困境。

☞现在，由于互联网的渠道便利以及大数据的运用，出现了“一元就可理财”的现象，这种现象在过去是没有出现过的，很有可能会改变长期公认的“二八法则”。

☞在进行信贷审查的过程中，互联网金融企业能够通过搜索引擎迅速寻找到目标信息，大大节省了决策时间。在信息处理的过程中，云计算和云存储技术的利用有效地提高了大数据的分析处理效率和存储稳定性。

第二部分

客户——看不见的金融模式之手

第一章　关键的关键——客户

一、适合老百姓低购买门槛

今天，在经济生活中有两股力量是不容忽视的：一个是传统的金融行业，另一个是新兴的互联网行业，当这两股力量结合在一起的时候，整个经济体系便会发生变革。在过去的几年中，互联网在媒体、通讯领域掀起了一场革命，今天互联网又以前所未有的速度改写了传统金融服务格局，把金融服务业推向了开放共赢。

在大数据时代，互联网所拥有的数据和信息，是可以进行高效匹配的，这就决定了金融定价能力。由于互联网有着极大的开放性，因此对中长尾市场可以实现全面覆盖，降低传统金融的服务门槛，对于处于产业链下游的数亿老百姓来说，互联网金融为它们打开了一道通往现代金融服务的大门。

信息化时代，随着传统银行网点服务方式的逐渐削弱，金融服务效率必然会得到极大提高。降低互联网金融门槛，对于整个金融市场来说，都有着极大的合理性。要鼓励全民参与进来，让小额资金在整个互联网金融市场活跃起来。2013 年，“互联网金融”成了中国互联网界炙手可热的关键词。无论是余额宝的成长神话，还是BAT 在这一领域进行的“狙击战”；不论是因此触动的金融机构、用户、中小企业的“经济神经”，还是因此可能对未来中国金融格局带来的变数，都值得人们深思。

名词解释：BAT

批处理文件，在 DOS 和 Windows（任意）系统中，BAT 文件是可执行文件，由一系列命令构成，其中可以包含对其他程序的调用。

在过去，人们已经认识到了互联网教育、互联网医疗的巨大作用，今天，人们的生活中又出现了互联网金融。可是，较之于前两者，互联网金融的爆发显然对普通人的触动更大。

（一）轻松理财带动全民参与

提到 2013 年的互联网金融，人们自然会想到“余额宝”。可是，在深究余额宝火热的原因之后，我们不得不注意到这样一个事实：余额宝之所以能够在短时间里迅速普及，主要是因为在其背后有支付宝在中国商业领域长达近十年的积累。而余额宝最大的魅力在于，拉低了购买门槛。

对于很多余额宝用户来说，余额宝与支付宝，无论是从名称上，还是在管理机构上，并没有太大的差别。虽然余额宝起家的时候曾标榜自己的收益远高于银行储蓄、随时提现、方便快捷，但依然不能忽略掉余额宝在支付渠道与支付宝的无缝对接。

淘宝和天猫的出现，让百货公司成为一种展示厅，同时也吸纳了大量的闲散资金进入阿里巴巴自身的支付体系——支付宝。既然人们终究要使用支付宝来进行网络购物，为什么不让其增值？

对于很多不了解余额宝的用户来说，余额宝并不是一种互联网金融产品，而是一种收益高、提取方便的“储蓄方式”，不仅可以有效避免人们频繁将小额现金转入支付宝的麻烦；收益又不低于银行定期储蓄，且允许用户随时提现。

从这个意义上来说，与其说2013年是余额宝的成功，不如说这一结果是近十年来支付宝累计的社会信任的一次爆发。这一产品使人们逐渐习惯将自己的钱袋交给互联网，大大提升了对虚拟金融服务的熟悉和信任。

2013年，百度和一些商业银行也推出了类似余额宝的产品，可是远不及余额宝成功，原因主要有两个：

（1）用户都认为，使用这些公司推出的互联网金融产品是购买了某种金融产品，成为一种投资手段，心理门槛较高；而使用余额宝仅仅是在使用支付宝的一种拓展功能，可以让自己的闲散资金实现增值。

（2）支付宝在移动端快速布局，人们已经习惯使用手机监控自己的财务。使用余额宝的时候只要使用已有的支付宝客户端就可以了，而购买其他互联网金融产品则需要重新安装更多的软件。

以余额宝为代表的互联网金融产品的大热，实际上是互联网公司从支付手段开始的一种突破，是逆袭金融体系上游的一场漂亮的反击战。

在互联网金融发展早期，互联网企业以其“草根性”为用户提供简单、便捷的支付服务，赚取了少量的利息差额；可是随着 C 端资金流的不断扩大，互联网公司必然会谋求更多的利润和控制权，在这一时期，阿里巴巴顺势推出了基金产品，大玩资本游戏，也是很正常的。

从普通用户自身来看，余额宝相当于一种“本金安全、变现容易、起存金额低”的理财产品。只不过，这种理财产品并不是什么新鲜事物，货币基金早已存在，余额宝最大的魅力就在于拉低了购买门槛，放开了退出时间，通过互联网手段实现了购入、卖出和推广。

全民参与性是互联网金融概念在全国迅速火爆的根本原因，余额宝的故事告诉我们，要想成就自己，就要找到适合老百姓的低进入门槛，鼓励他们积极参与进来。

（二）小微信贷需求与国家政策相辅相成

早期互联网企业在争取“第三方支付牌照”的时候，付出了很多努力，甚至可以用“艰难”来形容其所走过的道路。可是，在这次互联网金融的崛起过程中，虽然也遇到了一些困难，可是从实际结果看来，管理层对于互联网金融的开放和鼓励程度也是前所未有的。

在人们的概念中，互联网代表的是“屌丝文化”，而金融代表的是“高帅富文化”，两者 2013 年的结合再一次告诉我们，互联网在发展了数十年后正在对中国社会结构和企业的经营方式产生着巨大影响。

缘起于互联网的金融，积极秉承“屌丝文化”的理念，让普通的老百姓积极参与进来。如果忽视了这一点，互联网金融就会失去众多的客户群，自己也会变成孤家寡人。

二、从“价差”为先，到“服务”至上

自媒体时代给人们带来了很多启示，其中最重要的是人的本性开始张扬。由此，金融模式必须发生改变，从过去的“价差”为先转至“服务”至上。

移动互联网的核心诉求在于透明、自主、平等、效率和公平。随着以余额宝为代表的互联网金融的迅速崛起，关于其推高利率、缺乏风控、监管不足等方面的争论不断。

从监管层的角度看，关注互联网金融所伴生的风险，担心这些风险会演变成业务问题，也是理所当然的。可是从消费者的角度看，互联网金融的兴起在一定程度上提高了支付便捷度，提升了资源配置效率，提供了多元化的金融消费需求，极大地改善了消费者的金融消费。尤其是互联网金融这样的新兴业态，不可能没有风险，如果过度强调风险，就会将金融的这一创新举措扼杀掉。

在互联网金融快速发展的过程中，监管部门完善管理制度、采取风险防控措施是完全必要的。但这些举措的出台，要以保护公众合法权益为基点，不能单纯地为了维护传统银行业的既得利益。

一方面，中国的互联网金融创新正在蓬勃发展。互联网金融之所以能够突然间进入公众视野、获得了持续发展，不仅在于互联网企业内部具有的创新精神，更重要原因是目前传统金融业依然处于垄断的地位，压抑了金融创新和客户体验，这就在无形中为互联网金融的兴起提供了土壤。

另一方面，任何新兴事物的出现都会对既得利益者或既得利益格局造成一定的触动。以余额宝为代表的第三方支付平台提供的增值服务，在一定程度上动摇了中国银行业的活期存款低利率现状，保护了储户的权益。

面对由创新推动的新型互联网金融生态，监管部门应提前做好防范准备，强化监管是对的，但强化对互联网金融的监管，不能仅仅依靠“限量”的方式来堵住风险，必须充分发挥互联网金融无限的创新动力，强迫传统金融机构进行自我改革、降低收费、提高服务水平。

互联网金融的使命，是让金融更好地服务客户、服务实体经济。只有各方共同努力，才能让金融业更有效率、更能普惠大众。

总体来说，对于老百姓来说，投资金融产品，主要看中三点：便捷、收益和安全。

（一）便捷

在便捷性上，互联网金融产品已经做到了极致，无论是购买、赎回，还是使用，都非常方便。

（二）收益

从目前的情况来说看，无论是余额宝，还是百度百发，收益都很高，这些活期产品经常可以达到年化回报率6%。可是，需要注意的是，随着时间的推移，如此高的回报率是不可能长期持续下去的。

其实，互联网公司不会直接提供金融产品，这些产品都是由传统的金融机构提供的，仅仅是一种巧妙的结合，投资收益率自然会发生变化。因此，要做好收益率降低的准备。

（三）安全

安全有这样几个层面：

1. 投资收益的安全性

从本质上来说，余额宝这样的理财产品其实就是一种货币基金，风险虽然很低，但也并不是完全没有风险，甚至本金也不是完全无风险。

互联网理财产品面临着与基金理财一样的风险——当收益率下降的时候，基金持有人会大量赎回，基金就会出现净流出，这时就会面临流动性风险，出现所谓的投资人争相逃离的挤兑事件，类似的情况在美国货币基金中确实发生过。目前，互联网理财产品现在正处于净流入阶段，一旦出现了净流出的情况，就需要垫付资金，这种垫付也有无法兑现的风险。

2. 个人信息安全

如今，很多银行都推出了类似余额宝的理财产品。银行不仅能做到收益与余额宝等互联网理财产品相一致，安全性，特别是个人信息安全，也是银行的优势。

三、“轻松”收益没有最高，只有更高！

互联网金融虽然刚刚起步，可是一场血雨腥风的价格战便扑面而来。

2013 年的最后一个月，互联网巨头们展开了近距离的厮杀，狠拼价格，百度推出的“百度百发”年化收益高达8%之后，网易上线的首款产品收益率居然超过了10%！没有最高只有更高，巨头们在产品本身收益只有5%左右的情况下，不惜自掏腰包疯狂砸钱抢客户，无非就是为了杀入金融行业，急促地进行“跑马圈地”。

很多传统金融业人士认为，他们“简直是疯了”，可是互联网信息无壁垒，竞争激烈和价格火拼是其必须直面的命运。2013年12月23日，百度正式发行了名叫“百度百发”的产品，面对充满煽动的广告词“团结就有8%”，面对震惊市场的高收益，投资者一哄而上，第一天的认购额竟然突破30亿元。

可是，这种风头很快被网易盖过。第二天，网易理财产品平台便推出了第一款产品——“添金计划”，宣称“产品收益6%、加送5%，”即年化收益超过10%。这一产品再一次将市场带入了一个高烧状态，其5亿元的额度一个多小时便被抢光。

2013年6月13日，阿里巴巴首推余额宝，上线1个月就突破了100亿元，3个月之后突破了500亿元，半年则吸引了1800亿元，收益率也从开始的5%左右推升到6.7%，大众理财由此井喷。而在过去，银行理财产品的5万起点将众多零星散户挡在门外，理财仅仅是高富帅的专利。

互联网理财产品利率自有其“凌厉”的理由，银行理财产品利率还没有被市场化，相互之间不能恶意竞争，但互联网是完全市场化的尝试，你想给多少就给多少。其实，这一波互联网巨头们发行的理财产品绝大多数都是货币基金，货币基金自身的收益率一般都在5%左右，他们为什么要自掏腰包、赔本赚吆喝呢?

互联网未来要做金融，一定要有账号体系。现在没有账号体系，就要想办法来努力实现。现在仅仅是为了跑马圈地，因此大家都在用高利率做广告，不仅可以让客户了解在线购买基金的可行性，还可以培养他们的行为习惯。

互联网杀入金融业，必须要建立账号、资金和服务体系。正在互联网巨头跑马圈地的时候，银行自然也就不能稳坐钓鱼台了。

据说，有一家大行还推出了一款类似“余额宝”的货币基金产品，1 元起购，T +0 交易，近期年化收益率接近 6%，还声称“安全无风险”。这是一场对阿里巴巴“余额宝”的决战。同时，还有一家股份制银行也已经在研究类似产品，随时准备上线产品。

平安集团是第一个综合金融集团，在 2014 年春节前，它向市场正式推出了一个神奇的电子钱包——“壹钱包”，这是一个可以帮助客户进行财富管理、健康管理、生活管理的移动社交金融服务平台，是公司核心竞争力的利器!

在互联网的倒逼下，银行就这样被裹挟进来，一场更为惨烈的资金争夺战将在 2014 年上演。其实，银行只要愿意抬高利率，资金便会很快回流银行。价格战没有什么核心竞争力，只要看谁财大气粗，谁能坚持到最后。

2013 年，在短短的几个月间，互联网巨头们发行的理财产品在市场上轻松吸走了近 2000 亿元，给传统金融业狠狠地扎了一针。互联网不按常理出牌，其惊人的效果已非传统的思维所能理解和掌控的了。“如果银行不改变，我们就改变银行”，马云的这句话已经成为互联网企业对银行的挑衅和宣战。

可是，互联网巨头们在一阵利率的高打高举之后，如何继续吸引眼球?如何挖掘出金融核心竞争力?互联网巨头们这波吸金潮，发行的都是货币基金产品，都是与传统金融企业合作。从目前的情况来看，互联网金融更像是对传统金融产品的一种“再包装”。如果想继续吸引眼球，只能不断抬高收益率，硬打高收益的大旗，让用户得到高收益。

阿里巴巴曾经风靡一时的余额宝，其收益率转瞬就被其他巨头超越。而银行一旦推出类似的产品，对余额宝则又是一击，阿里巴巴下一步推出更具吸引力的产品。此外，平安的电子钱包，在其他互联网巨头将收益率推上10%的高位之后，其产品卖点、定价成为市场关注的焦点。

轻松收益，没有最高，只有更高！我们既不能把互联网金融发展看得太快，也不能看得太慢，未来互联网金融和银行的相互融合必然会出现更好的业态、更好的服务、更好的产品。

互联网金融若想获得长期发展，首先就要培养消费者在线理财的需求，要想满足用户的需求，首先就要保证收益！忽视了用户的需求，传统金融业终将会被颠覆。如果总是站在自己的角度，不能从储户的角度来看他们想什么、需要什么，不能适时改变的银行终将犯错。

不要以为自己的风控、品牌、渠道都很牛，曾经的诺基亚不是也牛，可是诺基亚不是死掉了？为什么？因为他们不知道市场需要什么，不愿意改变！因为他们没有满足客户的需求！

四、只有简单的，才是最好的

几天前，小李去银行办事，银行工作人员向他推销了一种新的金融产品。

听了银行临柜人员详细的讲解后，小李对这种金融产品很感兴趣。可是，当他听银行临柜人员讲解完操作方法后，他又不得不放弃了这项业务，因为他觉得，操作太复杂了。

其实，很多市民都遇到了类似情况：银行向客户推销金融新产品时，因其操作不便，客户不得不放弃使用该项金融新产品。这就再一次提醒我们，对于用户来说，只有简单的，才是最好的！

目前，有些银行在开发新业务时，急于想把某一种产品开发成为功能巨大、全面的金融产品。殊不知，产品功能面面俱到在很大程度上导致了操作的复杂化。这种状况，不仅不利于银行推广业务，更不利于客户使用，银行必然会失去很大一部分市场。因此，在推广某种高科技新产品时不妨删繁就简，将功能简单化。

今天，很多人把金融神秘化了，但互联网最核心的东西是，让用户很快看明白为什么要买这个，怎么操作。只有简单，才更容易让人亲近；过于复杂，只会让人敬而远之。苹果公司的平板电脑，没有任何说明，但三岁小孩都能用；白居易写的诗连不识字的老妇人都能懂，因此能够流传到日本。衡量互联网金融产品的好坏的标准很简单——“我妈能买，就差不多成功了。”（陈达伟）

其实，余额宝有着很多的功能，是一个集合理财、购物、支付、转账、生活应用等在内的一站式解决方案。这款产品不仅能增值，还能直接向银行实时转账、缴纳水、电、煤气费，甚至还可以直接用于网上或线下购物。但余额宝的操作和支付宝几乎一模一样，用户基本不需重新学习。

初次购买的用户经过四步就可以成功买入，老用户只需三步操作就能完成，简单快捷；用户只要直接一拉一转，支付宝或者银行卡账户金额就少了，余额宝账户金额就多了。这就是所谓的“所见即所得，所得即可用”。

用户转入余额宝的钱，既可以实时在账户显现，也可以实时赎回或用于购物。可是传统的T+0货币基金，申购后还需要等一天，资金才能得到确认；而在这期间，申购基金的资金是不能动用的。

天弘基金还在客服团队设置了一个由3个人组成的客户体验师团队，他们的主要任务是从用户角度“找碴儿”和提意见。

从客户体验来说，他们已经做到了极致，需要更多的技术投入。比如：用户先向余额宝账户转入1000元，然后又通过余额宝消费500元，余额宝就要做两个操作：撤回之前1000元的申购单，补上500元的申购单。每个用户的所有撤单和补单都要一一匹配，成本自然就提高了，后台服务器的带宽和存储相应地也要增加一倍。结果证明，小的改变就可以引起广泛的口碑传播。

其实，齐全的功能中，有一些功能是没有用的或是几乎不用的。因此在开发新产品时，一定要从实用入手，以“实用和便于使用”为最大目的，有针对性地开发出真正受广大群众欢迎的金融新产品。

产品设计的极简，其实是“殚精竭虑的简单呈现”。余额宝之所以能够成功，其中的原因有很多，但最关键的是客户体验，说得具体些，就是简单！

本章小结

☞降低互联网金融门槛，对于整个金融市场来说，都有着极大的合理性。要鼓励全民参与进来，让小额资金在整个互联网金融市场活跃起来。

☞全民参与性是互联网金融概念在全国迅速火爆的根本原因，余额宝的故事告诉我们，要想成就自己，就要找到适合老百姓的低进入门槛，鼓励他们积极参与进来！

☞互联网金融的使命，是让金融更好地服务客户、服务实体经济。只有各方共同努力，才能让金融业更有效率、更能普惠大众。

☞互联网金融这样的新兴业态，不可能没有风险，如果过度强调风险，就会将金融的这一创新举措扼杀掉。

☞轻松收益，没有最高，只有更高！我们既不能把互联网金融发展看得太快，也不能看得太慢，未来互联网金融和银行的相互融合必然会出现更好的业态、更好的服务、更好的产品。

☞在开发新产品时，一定要从实用入手，以“实用和便于使用”为最大目的，有针对性地开发出真正受广大群众欢迎的金融新产品。

第二章　无终端不支付——第三方支付的崛起

一、第三方支付是双边市场

在社会经济活动中，结算属于贸易范畴。贸易的核心是交换，交换是交付标的与支付货币两大对立流程的统一。在自由平等的正常主体之间，交换遵循的原则是等价和同步。同步交换，就是交货与付款互为条件，是等价交换的保证。

传统的支付方式往往是简单的即时性直接付转，一步支付。其中，钞票结算和票据结算配合当面现货交易，可以实现同步交换；汇转结算中的电汇和网上直转也是一步支付，适用于现货交易，但如果没有信用保障或法律支持，异步交换很容易引发非等价交换风险。

在现实的有形市场，异步交换权可以附加信用保障或法律支持来进行，而在虚拟的无形市场，交易双方互不认识，不知根底，因此支付问题曾经成为电子商务发展的“瓶颈”之一：卖家不愿意先发货，怕货发出后不能收回货款；买家不愿意先支付，担心支付后拿不到商品或商品质量得不到保证。双方都不愿意先冒险，网上购物自然无法进行。

为了适应同步交换的市场需求，第三方支付应运而生。支付宝是国内领先的第三方支付平台，由阿里巴巴集团 CEO 马云先生创立。马云进入 C2C 领域后，发现支付是 C2C 中需要解决的核心问题，因此就想出了支付宝这个工具。

开始的时候，支付宝仅仅是淘宝网公司为了解决网络交易安全所设的一个功能，首先使用的是“第三方担保交易模式”，由买家将货款打到支付宝账户，支付宝向卖家通知发货，买家收到商品确认后指令支付宝将货款放于卖家，至此完成一笔网络交易。

2004 年 12 月，支付宝独立为浙江支付宝网络技术有限公司。在 2005 年瑞士达沃斯世界经济论坛上，马云首先提出了第三方支付平台。第三方是买卖双方在缺乏信用保障或法律支持的情况下的资金支付“中间平台”，买方将货款付给买卖双方之外的第三方，第三方提供安全交易服务。

其运作实质是在收付款人之间设立中间过渡账户，使汇转款项实现了可控性停顿，只有双方意见达成一致才能决定资金去向。第三方担当中介保管及监督的职能，并不承担什么风险，确切地说，这是一种支付托管行为，通过支付托管实现支付保证。

（一）何谓第三方支付

所谓第三方支付，指的是和产品所在国家以及国外各大银行签约，并具备一定实力和信誉保障的第三方独立机构提供的交易支持平台。通过第三方支付平台的交易中，买方选购商品后，要使用第三方平台提供的账户进行货款支付，由第三方通知卖家货款到达、进行发货；买方检验商品后，就可以通知付款给卖家，第三方再将款项转至卖家账户。

第三方支付采用的支付结算方式，按照支付程序，可以分为：一步支付方式和分步支付方式。前者包括现金结算、票据结算（如支票、本票、银行汇票、承兑汇票）、汇转结算（如电汇、网上支付）；后者包括信用证结算、保函结算和第三方支付结算。

名词解释：本票

是一项书面的无条件的支付承诺，由一个人做成，并交给另一人；经制票人签名承诺，即期或定期或在可以确定的将来时间，支付一定数目的金钱给一个特定的人或其指定人或来人。

（二）第三方支付特点

有了第三方支付平台，商家和客户之间的交涉就可以由第三方来完成，使网上交易变得更加简单。第三方支付具有这样一些显著的特点：

第一，第三方支付平台提供一系列的应用接口程序，将多种银行卡支付方式整合到一个界面上，负责交易结算中与银行的对接，使网上购物更加快捷、便利。消费者和商家不需要在不同的银行开设不同的账户，可以帮助消费者降低网上购物的成本，帮助商家降低运营成本；同时还可以帮助银行节省网关开发费用，为银行带来了一定的潜在利润。

第二，较之SSL、SET等支付协议，利用第三方支付平台进行支付操作更加简单，易于接受。SSL是一种应用比较广泛的安全协议，在SSL中只需要验证商家的身份就可以了。

SET 协议是发展的基于信用卡支付系统的比较成熟的技术，但在 SET 中，各方的身份都需要通过 CA 进行认证，程序比较复杂，手续繁多，速度慢，实现成本高。

第三，第三方支付平台本身是依附在大型的门户网站身上的，依托合作的银行信用，能够较好地突破网上交易中的信用问题，有利于推动电子商务的快速发展。

（三）第三方支付流程

在第三方支付交易流程中，支付模式不仅会使商家看不到客户的信用卡信息，同时可以有效避免信用卡信息在网络上多次公开传输而导致信用卡信息被窃。

在通过第三方平台的交易中，买方选购商品后，使用第三方平台提供的账户进行货款支付，由对方通知卖家货款到达、进行发货；买方检验物品后，就可以通知付款给卖家。第三方支付平台的出现，从理论上讲，杜绝了电子交易中的欺诈行为。

以 B2C 交易为例：

第一步，客户在电子商务网站上选购商品，最后决定购买。第三方支付交易流程，买卖双方在网上达成交易意向。

第二步，客户选择利用第三方作为交易中介，客户用信用卡将货款划到第三方账户。

第三步，第三方支付平台将客户已经付款的消息通知给商家，并要求商家在规定的时间内准时发货。

第四步，商家收到通知后按照订单发货。

第五步，客户收到货物并验证后通知第三方。

第六步，第三方将其账户上的货款划入商家账户中，交易完成。

（四）第三方主流品牌

中国国内的第三方支付产品主要有微付通 PayPal、支付宝、三维度、拉卡拉、财付通、盛付通、腾付通、通联支付、易宝支付、中汇宝、快钱、国付宝、百付宝、物流宝、网易宝、网银在线、环迅支付 IPS、汇付天下、汇聚支付、宝易互通、宝付、乐富。

其中，用户数量最大的是PayPal 和支付宝，前者主要在欧美国家流行，后者是阿里巴巴旗下产品，资料显示，截至 2009 年 7 月，支付宝用户超过 2 亿；拉卡拉则是中国最大的 PayPal 全球在线支付线下便民金融服务提供商。另外中国银联旗下银联电子支付也开始发力第三方支付，推出了银联商务等相应的金融服务。

名词解释：PayPal

是我们通常说的“PayPal 贝宝国际”，是一种针对具有国际收付款需求的用户设计的账户类型，是目前全球使用最为广泛的网上交易工具。

1. 支付宝

支付宝（中国）网络技术有限公司是国内领先的独立第三方支付平台，是阿里巴巴集团 CEO 马云先生在 2004 年 12 月创立的第三方支付平台，是阿里巴巴集团的关联公司。

支付宝致力于为中国电子商务提供“简单、安全、快速”的在线支付解决方案。

2. 三维度

三维度手机刷卡器是一种创新金融产品，由深圳市三维度科技有限公司自主研发。在金融领域，归类于“个人支付终端”；他们将移动互联网技术与 PIN 密码键盘相结合，可以让用户在一个安全的环境下完成日常收付操作；拥有两种型号的产品：iPhone 专用手机刷卡器和蓝牙通用型手机刷卡器，可以满足不同手机的使用人群。

3. 拉卡拉支付

这是一种技术融合，即将银行严格的风险控制与支付企业的技术创新相结合。目前，招商银行、广东发展银行等手机银行已经内置了拉卡拉移动支付功能，解决了手机银行只能受理本行银行卡的问题。

4. 微付通（微付天下）

特点：

◇支持银联标志的银行卡的信用卡和借记卡。

名词解释：借记卡

是指先存款后消费（或取现）没有透支功能的银行卡。按其功能的不同，可以分为转账卡、专用卡和储值卡。具有转账结算、存取现金、购物消费等功能，附加了转账、买卖基金、炒股、缴费等众多功能，还提供了大量增值服务。

◇独立的管理后台，商户可以实时查询交易数据明细，随时随地轻松掌控。

◇移动 POS 机拨号 POS 机，有多重选择，其他收单机构很难申请到。

◇7×24 小时客户服务，随时在线咨询。

◇刷卡手续费更优惠。

5. 财付通

财付通是腾讯公司于 2005 年 9 月正式推出的一个专业在线支付平台，主要致力于为互联网用户和企业提供安全、便捷、专业的在线支付服务。

6. Money bookers

2003 年 2 月 5 日，MB 成为世界上第一家被政府官方所认可的电子银行。它是英国电子货币协会 EMA 的 14 个成员之一，被列为仅次于 e-gold 的主要付款形式。更重要的是，这家电子银行里的外汇可以转到中国国内的银行账户内。

7. 宝付

宝付推出了“我的支付导航”，主要分两大板块：个人支付导航和商户支付导航。从网上交水费、电费、煤气费等基本生活需要，到旅行买机票火车票订酒店，再到网上购物、通讯充值等各种类型“日常便民服务”。“我的支付导航”不仅为广大个人用户提供了便利的生活支付服务，还给企业商户提供了行业解决方案、一站式解决方案和增值服务等产品服务。

8. 环迅支付 IPS

上海环迅电子商务有限公司成立于 2000 年，是国内最早的支付公司之一。环迅支付是中国银行卡受理能力最强的在线支付平台，每天都会受理数万笔来自国内外的银行卡在线交易。至今，环迅支付已经和中国国内 25 家主流银行建立了支付合作的伙伴关系。

环迅支付不仅不断拓展国内在线支付市场，同时还积极拓展国际卡支付业务，并在国内率先与众多国际信用卡组织建立了战略合作。目前，环迅支付已经同 Visa、MasterCard、JCB、AmericanExpress、Diners 和新加坡 NETS 建立了良好的业务与合作关系。

9. 国付宝

国付宝信息科技有限公司是商务部中国国际电子商务中心与海航商业控股有限公司合资成立的。这个第三方电子支付平台，是针对政府及企业的需求和电子商务发展精心打造的，有着强大的国有企业背景，引入了社会诚信体系，是“金关工程”的重要组成部分。

二、无处不在的移动支付

移动支付，也叫作手机支付，用户可以使用其移动终端（通常是手机）对所消费的商品或服务进行账务支付，从而实现移动支付功能。移动支付将终端设备、互联网、应用提供商和金融机构融合起来，主要为用户提供货币支付、缴费等金融业务。

移动支付系统为每个移动用户都建立了一个与其手机号码关联的支付账户，其功能相当于电子钱包，这就为移动用户提供了一个通过手机进行交易支付和身份认证的途径。用户只要通过拨打电话、发送短信或者使用 WAP 功能就可以成功接入移动支付系统。

移动支付系统将此次交易的要求传送给 MASP，由 MASP 确定此次交易的金额，并通过移动支付系统通知用户；在用户确认后，付费方式可以通过多种途径实现，比如：直接转入银行、用户电话账单，或者实时在专用预付账户上借记，这些都将由移动支付系统来完成。

移动支付主要分为两种：近场支付和远程支付。

所谓近场支付，就是用手机刷卡的方式坐车、买东西等，很便利。

远程支付是指通过发送支付指令或借助支付工具进行的支付方式，掌中付推出的掌中电商、掌中充值、掌中视频等就属于远程支付。

目前，移动支付标准的制定工作已经持续了三年多，主要是银联和中国移动两大阵营在比赛。数据显示，2017 年全球移动支付的金额将突破 1 万亿美元。强大的数据意味着，今后几年全球移动支付业务将呈现持续走强趋势，在其背后，各方都在快马加鞭地在该领域“跑马圈地”。

（一）移动支付的特征

移动支付是一种电子支付方式，因而具有电子支付的特征；可是，由于其与移动通信技术、无线射频技术、互联网技术融合在了一起，因此又有别于电子支付。

1. 移动性

手机，人们都是随身携带的，这种移动性消除了距离和地域之间的限制。结合了先进的移动通信技术的移动性，用户可以随时随地获取所需要的服务、应用、信息和娱乐。

2. 及时性

移动支付不受时间、地点的限制，信息获取更及时，用户可以随时对账户进行查询、转账或进行购物消费。

3. 定制化

基于先进的移动通信技术和简易的手机操作界面，用户可以定制自己的消费方式和个性化服务，账户交易更加简单方便。

4. 集成性

移动支付以手机为载体，通过与终端读写器近距离识别进行的信息交互，运营商可以将移动通信卡、公交卡、地铁卡、银行卡等各类信息整合到以手机为平台的载体中，进行集成管理，搭建起一个与之配套的网络体系，为用户提供了方便的支付和身份认证渠道。

（二）支付的种类

按照不同的标准，可以分成不同的种类，如表 2－1 所示：

表 2－1　支付的不同种类

标准	分类	说明
按用户支付的额度	微支付	交易额少于 10 美元，通常是指购买移动内容业务，例如：游戏、视频下载等
	宏支付	交易金额较大的支付行为，例如：在线购物或者近距离支付
按完成支付所依托技术条件	近场支付	通过移动网络，利用短信、GPRS 等空中接口，和后台支付系统建立连接，实现各种转账、消费等支付功能
	远程支付	通过具有近距离无线通讯技术的移动终端，实现本地化通讯，进行货币资金转移的支付方式
按支付账户的性质	银行卡支付	直接采用银行的借记卡或贷记卡账户进行支付的形式
	第三方支付	为用户提供与银行或金融机构支付结算系统接口的通道服务，实现资金转移和支付结算功能
按支付的结算模式	及时支付	支付服务提供商将交易资金从买家的账户即时划拨到卖家账户。一般应用于“一手交钱一手交货”的业务场景，如商场购物；或应用于信誉度很高的 B2C 和 B2B 电子商务，如首信、yeepal、云网等
	担保支付	支付服务提供商先接收买家的货款，并不马上就支付给卖家，而是通知卖家货款已冻结，卖家发货；买家收到货物并确认后，支付服务提供商将货款划拨到卖家账户

续表

标准	分类	说明
按用户账户的存放模式	在线支付	用户账户存放在支付提供商的支付平台，用户消费时，直接在支付平台的用户账户中扣款
	离线支付	用户账户存放在智能卡中，用户消费时，直接通过 POS 机在用户智能卡的账户中扣款

不可否认，移动支付已经成为 2012 年智能手机的一大主流功能。2012 年，移动支付已经发展到在实体商店中安装使用移动支付设备的层面，也涌现出一批以移动支付为主营业务并因此而名声大噪的企业。可是由于现在的消费者已经习惯了使用银行卡进行消费交易，因此移动支付在短时间内还不能被广大消费者所接受。

今天，中国拥有超过 10 亿部手机，银联则拥有超过 20 亿张卡片以及 1000 万家签约商家，移动支付的市场前景可想而知。正是因为这个原因，移动支付产业链上群雄并起，电信运营商、互联网企业、支付厂商、银行等纷纷进军手机支付领域，推动了产业的发展壮大。

移动互联网时代是以应用为王的，在手机 APP 应用日益丰富的情况下，移动支付的功能必然会不断推陈出新。

三、PC 端代表现在，移动端代表未来

对于个人消费者来说，智能手机和平板电脑等移动互联终端实际上已经取代了个人电脑。在移动计算时代，软件业将逐渐消失，取而代之的将是各个网络服务商。

不可否认，移动互联是我们现在能够见证的计算机领域的最大革命。过去，个人终端的体积可能为1立方米，现在的终端设备只有几个指头般大小，20多年以后，也许这种终端设备将会“消失”，即嵌入在人类体内。而在这种技术演进中，软件将会消失，取而代之的是各种各样的“网络服务”。

智能手机和平板电脑等终端现在已经取代个人电脑，成为我们最“个人化”的电脑。而个人电脑则将成为“工作站”，用于专业化、高密集化的计算，如制作电影或图像处理等。

在移动金融中，移动终端泛指以智能手机为代表的各类移动设备，其中智能手机、平板电脑和无线POS机目前应用范围较广。

随着移动智能终端的普及，特别是苹果公司的iPad、iPhone等产品的普及以及Android开放系统的崛起，传统的移动终端市场格局被颠覆。

技术的进步带来了更智能化的操作和更优秀的用户体验，降低了移动渠道产品价值的传递成本，有效激发出大量的市场需求。

金融业是所有产业中收益最高并且对市场反应最敏感的产业，金融信息化的建设一直是国内外金融公司投入的重中之重。

金融信息化的根本出发点就在于：提升内部效率降低沟通成本，同时提供更多的渠道来服务于金融客户。移动金融是新时期移动互联网时代金融信息化发展的必然趋势!

移动银行是最常见的银行提供的对外服务的移动产品，该类应用的核心价值在于增加银行的服务渠道，不仅为客户提供更方便的服务，还大大降低了传统渠道的成本，可以带来新的收益；另外，通过外部渠道，还可以整合其他行业的资源，利用移动智能终端对于用户的随身性和便捷性，极大地增加边际效益。

简而言之，移动银行就是把银行业务诠释在一种特制的安全的移动设备中，可以独立地、流动地完成所有银行金融业务。不仅可以弥补电话银行、手机银行、网上银行不能实现的客户与银行面对面交流的不足，还能适应特殊客户对金融服务的即时需要、即时入账，实现款、单两清。

移动银行代表了银行业汇总业务创新、服务创新的一个发展方向。具有多种优势：

（1）只要用较少投资，便可以方便迅速地实现营业网点银行业务的延伸和扩展；

（2）可以根据特殊用户的要求，实现真正上门或 24 小时随叫随到，为客户提供全方位的金融服务；

（3）具有明显的广告效益，可以增加银行的信誉度和知名度，树立更好的企业形象，增加行业竞争力；

（4）能在银行的某个网点遭遇突发性通讯网络中断时，作为储蓄所、分理处的应急备份手段，保证该地区业务的持续性；

（5）可以灵活配置银行服务项目，降低运营成本，减少人员配置，提高服务效率，增加效益等。

本章小结

☞第三方支付的运作实质是在收款人与付款人之间设立中间过渡账户，使汇转款项实现了可控性停顿，只有双方意见达成一致时才能决定资金去向。第三方担当中介保管及监督的职能，并不承担任何风险。确切地说，这是一种支付托管行为，通过支付托管实现支付保证。

☞移动支付系统为每个移动用户都建立了一个与其手机号码关联的支付账户，其功能相当于电子钱包，这就为移动用户提供了一个通过手机进行交易支付和身份认证的途径。用户只要通过拨打电话、发送短信或者使用 WAP 功能就可以成功接入移动支付系统。

☞过去个人终端的体积可能为 1 立方米，现在的终端设备只有几个指头般大小，20 多年以后，也许这种终端设备将会“消失”，即嵌入在人类体内。而在这种技术演进中，软件将会消失，取而代之的是各种各样的“网络服务”。

☞金融信息化的根本出发点就在于：提升内部效率降低沟通成本，同时提供更多的渠道来服务于金融客户。移动金融是移动互联网时代金融信息化发展的必然趋势！

第三章　新金融模式与贷款模式

一、"P2P" 小额信贷

不要任何抵押，不需要任何借条，借款人和贷款人从来都没有见过面，就能借到钱……这就是正在悄然兴起的一种网络贷款模式——"P2P"（Person to Person）。

"P2P"信贷，又叫点对点信贷，或称个人对个人信贷，主要是指个人通过第三方平台，在收取一定费用的前提下向其他人提供小额借贷。其客户对象主要包括两个群体：一个是将资金借出的客户，另一个是需要贷款的客户。

“P2P”是由2006年“诺贝尔和平奖”得主尤努斯教授首创的。20世纪90年代以后，世界很多国家都兴起了小额信贷，形成了众多发展模式，并取得了很大成功，目前，世界上比较著名的网络小额贷款服务平台有Prosper、Zopa、Lending CLub等。

（一）“P2P”信贷的运作模式

从交易模式上来说，“P2P”个人网贷主要有三种模式：

第一类，线下交易模式。这类模式下的“P2P”网站仅提供交易的信息，具体的交易手续、交易程序都由“P2P”信贷机构和客户面对面来完成。首批入驻温州民间借贷中心的“宜信”就是这种模式的典型代表。另外，证大集团旗下的“证大e贷”和中国平安旗下的“陆金所”采用的也是这种模式。

第二类，承诺保障本金和利息的“P2P”网站。一旦贷款遇到违约风险，这类网站承诺先为出资人垫付本金。目前，市场上运营的绝大多数“P2P”网站都是这种模式。

第三类，不承诺保障本金的“P2P”网站，以上海的“拍拍贷”为唯一代表。如果贷款发生违约风险，拍拍贷是不用垫付本金的。

（二）“P2P”信贷的特点

不可否认，“P2P”确实是当下一种比较方便和实用的融资手段，为很多融资者解了燃眉之急！那么，“P2P”信贷具有哪些特点呢？

（1）直接透明——出借人与借款人直接签署个人对个人的借贷合同，互相了解对方的身份信息、信用信息。出借人能够在第一时间获得借款人的还款进度和生活状况的改善，最真切、直观地体验到自己为他人创造的价值。

（2）信用甄别——在“P2P”模式中，出借人可以对借款人的资信进行评估和选择，信用级别高的借款人会得到优先满足，其得到的贷款利率也可能更优惠。

（3）风险分散——出借人将资金分散给多个借款对象，同时提供小额度的贷款，在最大程度上分散了风险。

（4）门槛低、渠道成本低——每个人都可以成为信用的传播者和使用者，信用交易可以便捷地进行，每个人都能很轻松地参与进来。

正因为这些优点，“P2P”信贷已经被很多人所接受，并成为一种非常热门的获得资金的方法！

（三）“P2P”信贷的发展现状

随着网络的发展及社会的进步，“P2P”金融服务的正规性与合法性会逐步加强，在有效的监管下发挥出更多的网络技术优势，实现普惠金融的理想。

“P2P”网络借贷对中小微企业融资渠道提供了很好的机会和条件，不仅大力支持小型微型企业技术改造，提升了小型微型企业创新能力；还支持创新型、创业型和劳动密集型的小型微型企业发展，切实拓宽了民间投资领域。

发展到今天，由“P2P”的概念已经衍生出了很多模式。中国网络借贷平台已经超过2000家，平台的模式各有不同，归纳起来主要有以下四类：

1. 担保机构担保交易模式

这是一种最安全的“P2P”模式。这种平台作为中介，既不吸储，也不放贷，只提供金融信息服务，由合作的小贷公司和担保机构提供双重担保。

典型代表有有利网、诺帮友信。

此类平台的交易模式多为“1 对多”，即一笔借款需求由多个投资人投资。这种模式可以有效保证投资人的资金安全，由中安信业等国内大型担保机构联合担保，如果遇到坏账，担保机构会在拖延还款的第二日把本金和利息及时打到投资人账户上。

有利网还推出了债权转卖交易，如果投资人急需要用钱，可以转卖债权，随时把自己账户中的资金取走。

2. “P2P”平台下的债权合同转让模式

可以称之为“多对多”模式，借款需求和投资都是打散组合的，有些公司的负责人会作为最大债权人将资金出借给借款人，然后获取债权并对其进行分割，通过债权转让形式将债权转移给其他投资人，获得借贷资金。

宜信公司是一家集财富管理、信用风险评估与管理等业务于一体的综合性现代服务业企业。宜信制定了“双向散打”风险控制，通过个人发放贷款的形式，可以获得一年期的债权；然后将这笔债权进行金额和期限的同时拆分，利用资金和期限的交错配比，不断吸引资金，一边发放贷款获取债权，一边不断将金额与期限进行错配及拆分转让。

3. 大型金融集团推出的互联网服务平台

与其他平台仅仅几百万元的注册资金相比，陆金所 4 个亿的注册资本更容易吸引眼球。此类平台一般都有大集团的背景，由传统金融行业向互联网布局，因此在业务模式上有着更加浓烈的金融色彩。

比如：风险控制。陆金所的“P2P”业务不仅采用线下的借款人审核，并与平安集团旗下的担保公司合作进行业务担保，还从境外挖了专业团队来做风险控制。线下审核、全额担保虽然是最靠谱的手段，但成本并非所有的网贷平台都能负担，无法作为行业标配进行推广。

陆金所采用的是“1 对 1”模式，1 笔借款只有 1 个投资人，投资人要亲自在网上操作投资，而且投资期限为 1～3 年，所以在刚推出时是很难买到的，且流动性不高。

4. 以交易参数为基点，结合 O2O 的综合交易模式

例如，阿里巴巴小额贷款，它将电商加入了授信审核体系，可以对贷款信息进行整合处理。

这种小额贷款业务凭借其客户资源、电商交易数据和产品结构占得优势，其线下成立的两家小额贷款公司会对其平台客户进行服务。线下商务的机会与互联网结合在了一起，互联网也就变成了线下交易的前台。

5. 以“P2P”网贷模式为代表的创新理财方式

这种理财方式受到了广泛的关注和认可。与传统金融理财服务相比，“P2P”的借款人主体是个人，以信用借款为主。

爱投资 P2C 借贷，在借款来源一端被严格限制为有着良好实体经营、能提供固定资产抵押的有借款需求的中小微企业。依托爱投资搭建的线下多金融担保体系，可以从结构上彻底解决“P2P”模式中的固有矛盾，安全保障更实际、更有力。

（四）“P2P”信贷的注意事项

我们总结了几条网络放贷经验，在此可供大家参考：

1. 新平台收益可能更高

新平台如果是真的，前期资金一般都比较充裕，即使放贷出了问题，网站也有资金垫付。而且，新平台上的借款利率相对更高，一般在 20%～30%。不过，新平台在评估、监管方面可能都存在一定的问题，虽然可以获

得高收益，但风险很大。

2. 购买 VIP 资格可保障本金

很多借贷平台网站都有 VIP 功能，一年花一百多元就可以成为 VIP，VIP 会员本金可获网站保障。

二、众筹融资

对于创业者来说，往往最缺乏的就是资金，对于投资人来说，好项目是可遇而不可求的。而众募平台的出现，缓解了双方的尴尬局面，创业者不再

需要费尽心机地满世界找风投，只要设计一份产品介绍放到众募平台上，就可以解决自己的问题了。只要产品做得有价值，自然会有人来投资。而投资人只需像逛淘宝一样看看网页，就能找到不错的投资项目。

通过众募平台，创业者不仅可以得到项目的启动资金，还可以在量产前对他们的产品是否真的被大众接受进行有效测试，即使没有获得投资也不一定是坏事，至少不用再为一款不被认可的产品浪费更多的时间和金钱了……这才是最重要的！

众筹，即大众筹资或群众筹资，指的是采用“团购＋预购”的形式，向网友募集项目资金的模式。众筹利用互联网和 SNS 传播的特性，让小企业、艺术家或个人将自己的创意向人们展示出来，争取大家的关注和支持，进而获得所需要的资金援助。

相对于传统的融资方式，众筹更为开放，能否获得资金也不再由项目的商业价值作为唯一标准。只要是网友喜欢的项目，都可以通过众筹方式获得项目启动的第一笔资金，为更多小本经营或创作的人提供了无限的可能。

（一）众筹商业模式的构建

从某种意义来说，众筹是一种 Web 3.0，它使社交网络与“多数人资助少数人”的募资方式交叉相遇，通过“P2P”或 P2B 平台的协议机制使不同个体之间的融资筹款成为可能。

构建众筹商业模式要有三个有机组成部分：项目发起人、公众和中介机构。具体来说：

1. 项目发起人——筹资人

所谓项目，指的是具有明确目标的、可以完成的、具有具体完成时间的非公益活动，比如：制作专辑、出版图书或生产某种电子产品。项目不是以股权、债券、分红、利息等资金形式作为回报的。

项目发起人通常都是一些需要解决资金问题的创意者或小微企业的创业者；同时，有些企业为了加强用户的交流和体验，在实现筹资目标的同时，为了强化众筹模式的市场调研、产品预售和宣传推广等延伸功能，会以项目发起人的身份号召潜在用户介入产品的研发、试制和推广过程，谋求更好的市场响应。

项目发起人必须具备一定的条件，比如：国籍、年龄、银行账户、资质和学历等；还要拥有对项目 100% 的自主权，不受控制，完全自主。项目发起人要与中介机构（众筹平台）签订合约，明确双方的权利和义务。

2. 公众——出资人

公众往往是数量庞大的互联网用户，他们利用在线支付方式对自己感兴趣的创意项目进行小额投资，每个出资人都会成为“天使投资人”。

公众所投资的项目成功实现后，对于出资人的回报不一定是资金回报，可能是一个产品样品，例如：可能是一块 Pebble 手表，也可能是一场演唱会的门票或是一张唱片。

出资人资助创意者的过程就是其消费资金前移的过程，既可以提高生产和销售等环节的效率，生产出原本依靠传统投融资模式无法推出的新产品；也能够满足出资人作为用户的小众化、细致化和个性化消费需求。

3. 中介机构——众筹平台

中介机构是众筹平台的搭建者，又是项目发起人的监督者和辅导者，还是出资人的利益维护者。中介机构的功能复杂、责任重大。

首先，众筹平台要拥有网络技术支持，根据相关法律法规，要采用虚拟运作的方式，将项目发起人的创意和融资需求信息发布在虚拟空间里。可是，实施这一步骤的前提是，要在项目上线之前进行细致的实名审核，并且确保项目内容完整、可执行和有价值，确定没有违反项目准则和要求。

其次，在项目筹资成功后，要监督、辅导和把控项目的顺利展开。

最后，当项目无法执行时，众筹平台有责任和义务督促项目发起人退款给出资人。

（二）众筹商业模式的优势

概括起来，众筹商业模式有这样几个优势：

1. 有效促进微创业

所谓微创业，是指使用微小的成本，以微平台或网络平台为重要载体，在细微的领域进行创意开发的创业活动。其主要特点是：可以批量复制、投资微小、产生效益快。

微创业是缓解当前我国大学生就业压力的有效途径之一，可是，在目前金融管制的大背景下，市场出现了民间融资渠道不畅、融资成本较高等问题，严重阻碍了微创业的发展。而众筹是一种更加大众化的融资方式，它为微创业者提供了获得成本更低的、更快捷的资金的可能，可以很好地解决“融资难”问题。

项目发起人通过众筹平台把大众的微小资金汇集在一起，使需求者获得从事某项创业活动的资金，突破了传统融资模式的束缚；每个投资人都可以参与项目的策划、咨询、管理与运营；由于互联网的开放性特征，投资人不受地区、职业和年龄等限制，只要具有一定的资金能力、管理经验和专业技能即可。

这种依托众筹平台的微创业活动，不仅实现了“众人集资、集思广益、风险共担”的众筹理念，也积累了众多的经验和人脉。

2. 可以激发“草根”创新

众筹模式不仅是一种投融资活动，还是一种创新模式，有力地激发了“草根”的创新意识。互联网的技术特征和商业民主化进程决定了“草根”创新时代的到来，每个人都可以发挥自身的创新与研发能力，并借助社会资源把自己的创意变为现实的产品。

众筹模式为每个“草根”创新者提供了一个重要平台，可以在这里获取资金、市场和人脉等重要资源。不同的投资人有着不同的专业背景和不同的价值观，可以直接对项目提出自己的观点和意见，之后项目发起人会认真评估并进一步完善方案。

双方的互动拉近了生产者与消费者之间的距离，这种注重用户交流和体验的行为类似于“大规模定制”行为，极大地降低了产品的市场风险。

三、新型电子货币

电子货币，可以在互联网上或通过其他电子通信方式进行支付。这种货币没有物理形态，是持有者的金融信用。随着互联网的高速发展，这种支付办法越来越流行。

（一）电子货币的本质

归根结底，电子货币是一种观念化的货币信息，其实是由一组含有用户的身份、密码、金额、使用范围等内容的数据构成的特殊信息，因此也可以称其为数字货币。

人们使用电子货币交易时，实际上交换的是相关信息，这些信息传输到开设这种业务的商家后，交易双方便会进行结算，比现实银行系统的方式更省钱、更方便、更快捷。

1. 价值传送

电子货币是在电子化技术高度发达的基础上出现的一种无形货币，是现实货币价值尺度和支付手段职能的虚拟化，是一种没有货币实体的货币。

电子货币的整个过程是无纸化的：

——电子货币的价值会通过销售终端从消费者手里传送到货物销售商家手中。

——商家将其手里持有的电子货币传送给电子货币发行人并从其手里赎回货币，或者传送给银行。

——银行在其账户上借记相应金额，然后再通过清算机构同发行人进行结算……

所谓无纸化，是与票据、信用卡相比较而言的。而且，电子货币可以在各个持有者之间直接转移货币价值，不需要第三方如银行的介入，这也是电子货币同传统的提款卡和转账卡的本质区别。电子货币在这一点上，类似于真正货币的功能。

2. 通货职能

一种货币能否被称为通货，关键在于该货币能否独立地执行通货职能。电子货币可以发挥一定的支付和结算作用，但电子货币仅仅是一种包含可能执行货币职能的准货币。

首先，电子货币缺少货币价格标准，无法单独衡量和表现商品的价值和价格，也无法具有价值保存手段，只能依附在现实货币价值尺度职能和价值储藏职能上。

其次，由于电子货币是以一定的电子设备为载体的，比如智能卡和计算机，其流通不仅要具备一定的技术设施条件，还要获得软件的支持，因此，它还不能真正执行流通手段的职能。

最后，尽管目前电子货币最基本的职能是执行支付手段，可是绝大多数的电子货币并不能用于个人之间的直接支付；而且向特约商户支付时，商户一方还要从发行电子货币的银行或信用卡公司收取实体货币才能完成对款项的回收。

电子货币是不能完全独立执行支付手段职能的。可见，现阶段的电子货币是一种以既有通货为基础的新的货币形态或是支付方式。

（二）新型电子货币代表

目前，全世界发行的数字货币多达上百种。2013 年流行的数字货币有比特币、莱特币、无限币、夸克币、泽塔币等。

1. 比特币

2008 年 11 月 1 日，一个自称“中本聪”的人在一个隐秘的密码学评论组上贴出了一篇研讨陈述，表达了他对电子货币的新设想——比特币出现在了人们的视野中。

其实，比特币就是一堆复杂算法所生成的特解。所谓特解是指方程组所能得到无限个解中的一组，而每一个特解都能解开方程并且是唯一的。如果我们拿人民币来比喻，比特币就是人民币的序列号，知道了某张钞票上的序列号，也就拥有了这张钞票。

比特币有这样几个特征：

●去中心化

比特币是第一种分布式的虚拟货币，整个网络都是由用户构成的，没有中央银行。去中心化是比特币安全与自由的保证 。

●全世界流通

可以在任意一台接入互联网的电脑上对比特币进行管理。不管处于什么位置，任何人都可以挖掘、购买、出售、收取比特币。

●专属所有权

操控比特币需要私钥，它可以被隔离保存在任何一个存储介质。除了用户自己之外，没有人可以获取。

●低交易费用

可以免费汇出比特币。为了确保交易的更快执行，会对每笔交易收取约1比特分的交易费。

●无隐藏成本

作为一种由A到B的支付手段，比特币没有烦琐的额度与手续限制，只要知道了对方的比特币地址就可以直接进行支付了。

●跨平台挖掘

用户可以在众多平台上发掘不同硬件的计算能力。

2. 莱特币

莱特币是一种基于“点对点”技术的网络货币，可以帮助用户即时给世界上任何一个人付款。

莱特币是一款在 MIT/X11 许可下发布的免费软件项目，用户可以根据自己的需要对软件进行运行、修改和复制，甚至还可以发行软件的修改版本。

要想产生莱特币，需要"矿工挖矿"。所谓"挖矿"，就是通过计算机显卡进行哈希运算，如果计算到"爆矿"的值，系统就会一次性奖励 50 个莱特币。

目前，莱特币的计算力增长很快，通过几台电脑，"矿工"已经无法挖到矿，必须加入"矿池"，"矿池"集合了大家的所有计算能力，可以增加计算到"爆矿"值的概率。目前，国外比较有名的"矿池"有 We Mine LTC、Coinotron 等；国内比较出名的"矿池"包括 ITK 中文矿池、鱼池、爱挖矿等。可是，目前收益最高的是 ITK 中文矿池。

3. 无限币

无限币，简称 IFC，是一个新兴的数字货币，填补了比特币在加快商业流通、促进商业运转等领域的短板。主要服务于日常生活的小额交易支付。无限币的一次交易需要 3 次确认，每次确认只要花费 30 秒，交易及确认速度非常快。

在刚开始发布的时候，无限币的价格是非常低的，玩家很少。可是，随着 2013 年下半年比特币的大起大落，其他加密货币逐渐被大家所认识，"山寨币"数量膨胀，无限币的币值也从 2013 年 10 月开始上窜，最凶猛的涨幅出现在 2013 年 11 月 23 ~ 27 日，单币价格从 0.000008 元一路飙升至 0.0014 元，5 天内涨幅高达 17500%，创下了各数字货币中单周涨幅之最。

4. 夸克币

夸克币不是现实生活当中的货币，它安全地存在于全球网络的电脑当中，只能通过正规电脑的 CPU 挖取。夸克币的价值更稳固，不易崩溃。开通夸克币，既不用交取任何费用，也不用提供身份证明，更不用花时间等待。

本章小结

☞在“P2P”模式中，出借人可以对借款人的资信进行评估和选择，信用级别高的借款人会得到优先满足，其得到的贷款利率也可能更优惠。每个人都可以成为信用的传播者和使用者，信用交易可以便捷地进行，每个人都能很轻松地参与进来。

☞通过众募平台，创业者不仅可以得到项目的启动资金，还可以在量产前对他们的产品是否真的被大众接受进行有效测试，即使没有获得投资也不一定是坏事，至少不用再为一款不被认可的产品浪费更多的时间和金钱了……这才是最重要的！

☞众筹是一种更加大众化的融资方式，它为微创业者提供了获得成本更低的、更快捷的资金的可能，可以很好地解决“融资难”问题。

☞人们使用电子货币交易时，实际上交换的是相关信息，这些信息传输到开设这种业务的商家后，交易双方便会进行结算，比银行系统的方式更省钱、更方便、更快捷。

第三部分

新金融模式的危与机

第一章　政策因素

一、银联的监管之忧

中国银联是中国银行卡联合组织的简称，主要通过银联跨行交易清算系统，实现商业银行系统间的互联互通和资源共享，保证银行卡跨行、跨地区和跨境的使用。

目前，中国银联已经与境内外超过400家机构展开了广泛合作，全球银联卡发卡量超过38亿张，银联网络遍布中国城乡，还延伸到了亚洲、欧洲、美洲、大洋洲、非洲等140多个国家和地区。可是如果对银联监管不力，将会给国家带来巨大的损失。

2011年8月，郑州警方经过不懈的努力，查获了一张POS机套现犯罪大网。该团伙以骗领、倒卖、解码、租赁POS机供他人非法套现为手段，非法敛财，套现金额高达1亿元。

大学暑假打工期间，高红振找到一份帮人代办信用卡的工作，如果信用卡办理成功，他会得到30元的“劳务费”。随着业务的熟练，高红振又渐渐接触到了POS机和POS机代办业务。当时，代办POS机业务仅限于有正规手续的商户向银行申领POS机，可是随着业务的不断开展，有些手续不全、没有资格的商铺也想让高红振通过“关系”申领POS机。

刚开始的时候，高红振会租用一些拥有POS机却不经常使用的商户，然后转租给需要用POS机的商铺，从中赚取差价。后来，他就把眼光放在了另一种更赚钱的“业务”上——POS机套现业务。当他发现刷卡套现可以挣钱的时候，就开始帮别人拉客户办理套现，从中挣一点手续费。2010年底，高红振觉得条件成熟了，就开始实施自己的骗领POS机计划。

刚开始申领POS机时，高红振主要靠朋友关系。为了增加更多的周转资金，高红振等人经常使用自己的信用卡刷卡套现，为了方便套现，高红振的朋友就把自己的相关证件交给了高红振，让高红振去申领POS机。

后来，高红振通过朋友认识了“鑫非常汽车装饰用品商店”的老板，拿到了该店铺的房屋租赁合同，重新注册了一个没有实际经营的“郑州市金水区美途汽车装饰商行”，以此去骗取银行的POS机。之后，高红振假借他人之名又申请了几台POS机。大学毕业后，当同学们都在四处求职时，高红振已经拥有了自己的一番“事业”——坐拥8台POS机，每台每月租金7000元，月收入近6万元！

在2010年11月到2011年6月期间，高红振通过租借等方式，利用这些POS机以虚构交易的方式非法为他人套现，从中赚取手续费，共套现人民币1亿多元。

为什么会出现如此庞大的犯罪团伙呢？归根结底是因为非法套现有市场。

一般来说，套现用于个人消费的很少，大宗交易主要以中小企业为主。

比如，如果一个公司有20个人，老板给每名员工办10张不同银行的信用卡，那么就有200张信用卡。老板用公司房产证作抵押，透支额度一般都比较高，按每张透支2万元来计算，用100张卡来套现，100张卡来还款，这样这个企业就有了一笔200万元的无息贷款！

这对企业来说看似是一件好事，其实不然！如果一个人用三张1万元额度的信用卡套出2万元钱，用剩下的1万元作备用金，不断地在这三张卡中流动，这时三张信用卡都不会出问题。可是一旦资金链断裂，那1万元备用金没有了，三张信用卡都会还不上款，这样，就会给金融系统带来非常大的风险。

从社会稳定角度讲，非法套现行为还会刺激地下融资，在金融监管体系外产生巨大的现金流，且无法监控。这种情况，在一定程度上会刺激地下融资的泛滥，不仅为不正当资金使用提供了便利，还会降低宏观调控的有效性和权威性。

由于非法套现可以获得无风险收益，会诱使更多POS机特约商户从事信用卡套现业务，不仅会破坏社会信用环境，还会诱发各类犯罪行为，比如信用卡套现、信用卡诈骗、洗钱等，给无辜者带来巨大的损失。

名词解释：洗钱

将毒品犯罪、黑社会性质的组织犯罪、恐怖活动犯罪、走私犯罪或者其他犯罪的违法所得及其产生的收益，通过各种手段掩饰、隐瞒其来源和性质，使其在形式上合法化。

POS机非法套现案件的出现，暴露出了银联的监管漏洞——在POS机的使用、监管等方面没有得力的审查渠道。如果监管不力，不仅会危害国家的金融稳定，使部分货币脱离银行控制范围，增加资金链的安全风险；此外，当持卡人无法偿付信用卡透支额时，风险最终会转移到银行身上，发卡银行的经营风险必然会大大增加。

由此可见，对于银联来说，目前国家在监管上还有很多令人担忧的地方！虽然国家已经出台了《关于办理妨害信用卡管理刑事案件具体应用法律若干问题的解释》（以下简称《解释》），对恶意透支行为增加了两个限制条件：一是发卡银行两次催收后仍不还款；二是超过 3 个月没有归还。按照《解释》，如果恶意透支的人把钱还上了，就可以从宽处理。

随着法律体系的逐渐完善，必然优化整个金融环境，可是如果想让法律得到完美的实施，还需要获得社会各界的支持，这样才能创造一个更加优质的金融环境。

对于银联来说，做好监管才是最重要的！

二、风风雨雨“叫停门”

2014 年 3 月 14 日，中央银行当时下发紧急文件，叫停了阿里巴巴和腾讯联手中信银行推出的虚拟信用卡产品，同时被禁止的还有条码（二维码）支付等面对面支付服务。文件特别指出：虚拟信用卡突破了现有信用卡业务模式，在落实客户身份方面没有尽到应尽的义务，支付宝和财付通要暂停相关业务，要将详细介绍、管理制度、操作流程等情况

上报。

按照中央银行当时的最新要求，阿里巴巴和腾讯的网络信用卡业务将全面暂停，但并不等于就此夭折，与央行充分沟通、改进方案后，它依然有复苏的希望；对于两家公司的二维码服务而言，受到影响的主要是线下业务，包括线下扫码、收款和付款等。

如今，用户身份识别和交易安全保护问题已经成为移动互联网金融亟待解决的“瓶颈”问题。调查显示，有75%的非网上银行用户由于担心安全性而不愿尝试，而对安全性存疑的手机用户比例高达61.23%，极大阻碍了移动互联网金融的持续发展。

（一）身份认证方式存在很大安全漏洞

在移动互联网的大环境下，现有的身份识别方式是一种基于客户预留手机号的短信验证，一旦手机卡被复制，或者验证短信被劫持转发，犯罪分子就可以非法控制被害人的手机银行，甚至“帮助”被害人注册开通手机银行，进行犯罪活动。

从目前主流的电子支付方式看，用户在办银行卡时会在银行预留手机号，用户只要填写好银行卡号、姓名、身份证号和预留手机号就可以实现银行卡的绑定；然后通过设置的支付密码就可以实现消费，并不需要银行卡的密码。可是，用户的姓名、身份证号、银行卡号等信息在网络上很容易泄露，存在较大的互联网身份盗用风险。

在二维码支付的业务流程中，由手机产生二维码的第三方账户很容易被盗用。同时，二维码扫描也给犯罪分子提供了诱使客户在不知情的情况下被植入恶意木马、窃取关键信息的机会。正是因为有这些问题，在互联网金融服务中，经常会发生一些资金被盗和信息泄密的案件。

（二）支付指令与验证指令单通道传输容易被篡改

众所周知，银行和第三方公司在提供移动支付服务的时候已经做了相应的安全措施，可是客户与银行之间的通信传输方式是单通道的，很容易受到网络中间人、浏览器劫持人的攻击；金融机构是很难确认客户端操作者的真实身份的，因此不能对网络中间人对支付指令的篡改进行正确识别。

如今，各种攻击方式种类繁多、不断升级，消费者在操作的时候，稍有不慎就会给自己带来损失。虽然已经有了“U 盾”、“电子口令卡”等安全工具，可是依然存在很多问题，如携带使用不方便等。

三、“宝宝军团”被推上了风口浪尖

所谓“宝宝军团”指的是余额宝、零钱宝等众多的理财产品。

看到余额宝获得了成功，很多互联网巨头对进入金融业充满期待，更让资本家充满了热情。一时间，以货币基金为内核的各种“宝”风起云涌，形成了让各大银行都不得不紧张应对的“宝宝军团”，比如余额宝、零钱宝、定期宝、活期宝、百发等。

随着工商银行的“类余额宝”的现金管理产品的推出，以余额宝为代表的互联网金融和银行之间的活期存款争夺大战悄然升级。不过，对投资者来说，选择多一些是一件好事。和银行的现金管理工具比较起来，余额宝在收益率和便利性方面更有优势；而且，利用余额宝等还可以免费实现个人名下不同储蓄卡之间的跨行转账。

按照传统的想法，在积累了庞大的用户群以后，“宝宝军团”会转向真正的金融服务，成为一家家真正的金融机构。其实，这是很难实现的！如果淘宝、百度、京东、苏宁等想要搞一个跟传统电商一样的网上金融大卖场，是根本行不通的。道理很简单：如果想要投资、理财，就要寻找一些能够解决实际理财问题的专业机构，没有人会找一个整合了各种理财产品的大卖场。

投资、理财是一个需要专业技能的工作，选择正确的、适合自己的金融产品，一个没有相关经验的人是不可能独立完成的。可是，事实告诉我们，金融产品不会被简单地陈列在货架上，绝大多数投资者是无法自己取舍的。

余额宝、百发、活期通、活期宝等“宝宝军团”还不是真正意义上的理财，虽然广告吹嘘“是活期存款的十几倍”，可是活期存款利率只有0.35%，所谓十几倍也只有4%多一点。

我们留心观察就会发现，所有七日年化收益率高得惊人的货币基金，其高收益率都不会持续太长时间；即使是收益率最好的货币基金，全年的收益也只有4%多一些。这个收益率只能勉强抵御通货膨胀对于现金资产的侵蚀，完全达不到宣传中吹嘘的“发财”的目的。

专业理财，肯定不是简单地让投资者持有可以和通货膨胀水平持平的产品就可以的，专业理财需要解决的是投资者未来所要面临的财务问题，比如：30年后一旦步入老年，投资者要拿什么养活自己；20年后孩子一旦进入大学，投资者要拿出多少学费；10年内如果要买房，投资者拿什么来付买房的首付……

有人曾经做过一个测算，结果表明：按照现在的养老体制，对于一对普通夫妻来说，如果想在退休时维持相对理想的消费水平，就要在退休前攒下

323万元。如果想利用平均年收益率为3.5%的货币基金来实现这个目标，投资者需要每年攒8万元，而且要坚持25年。

作为一个专业的金融机构，让投资者用“宝宝军团”去实现自己的养老理财目标，是不负责的。数据显示，2011年全国在岗职工的平均工资是42452元，双职工工资是84904元，如果投资者用“宝宝军团”来实现养老目标，那么全家每年只能花4900元，其他全部用来买货币基金……这绝对不是理财！投资者都会变成守财奴！

让投资者在自己能承受的合理风险的条件下，用尽可能少的投入，以更为高效的方式实现投资目标——这才是正确的专业理财规划。配置相对高风险的产品，是实现理财目标的一种不可或缺的有效方式。

可是每个人的收入、负担、心理承受能力等都是不同的，需要配置不同的产品；同一个人，在不同的年龄段，面对不同的家庭责任、身体条件等，也要有不同的理财计划。金融机构只有具备足够的专业能力，才能帮助投资者构建合理的理财规划、选择正确的投资产品，单纯地推销一个交易体验卓越的傻瓜型产品，是无法实现这些的。

“宝宝军团”在专业理财方面有着天然的短板，具体来说：

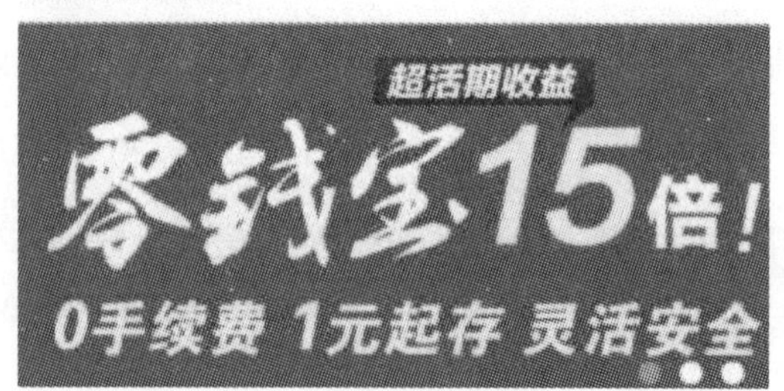

（一）人才短板

在专业理财领域，“宝宝军团”没有专业人才。在传统金融机构，理财专家都是稀缺的精英，让一家专注于技术的互联网公司在很短的时间内筹建一个真正理财的精英队伍是不可能的。

（二）营销短板

一般人都不会相信，一家擅长游戏、传统电商、即时通讯的互联网巨头能够提供出更好的理财服务。因此，他们的营销会很失败。

（三）规模短板

经验告诉我们，资金越大，在金融市场上越难有突出的表现，比如余额宝。目前，余额宝的规模可能已经突破 5000 亿元，用户数突破 8100 万。但如果余额宝不能运用传统的专业理财方法提供更有针对性的产品，依然持续提供类似于余额宝一代、二代的通用型产品，最多只能获得市场平均收益率。

由此可见，在相当长的一段时间内，大型互联网公司推出的“宝宝军团”很可能只能停留在现有的固定收益类产品层面上，作为其现有支付平台的补充性工具。虽然给自己的用户带来更多的便捷服务，可是要想转为更为专业的金融服务是很难的。

虽然互联网金融巨头的“宝宝军团”声势浩大，但天然的短板让它们在专业理财服务领域很难有所作为。只有那些脱胎于专业金融机构的互联网金融机构，才可以利用既有的专业理财优势在市场热潮中找到新的增长点。

其实，今天的专业金融机构也在向互联网公司学习，在产品创新上也在不断借鉴互联网公司的先进经验，比如：在互联金融下，以“宝宝军团”为代表的货币型基金的起购门槛只有1元，这就给普通投资者的投资过程带来了极大的便利。

可是按照惯例，收益率高、相对稳定的产品通常只是提供给大客户或是机构的定制化产品，中小投资者根本就没有能力涉足，而且申购赎回费用也相对更高。互联网公司的最大优势主要体现在交易体验、交易流程方面的设计优势，而专业金融机构的优势是理财服务和金融产品创新。从长期来看，当投资者充分了解了自己的理财需求后，必然更倾向于按照服务能力和产品优势来选择供应商。

在最近两年，互联网理财的大潮已经成为整个金融圈的热点，互联网巨头、传统金融机构以及新兴的第三方理财机构，都在摩拳擦掌中准备进一步的厮杀。

互联网理财还远不是最后下结论的时候，一切才刚刚开始！

四、互联网金融也要讲游戏规则

在最近一段时间内，国有四大银行集体向支付宝“宣战”，先是调低快捷支付限额，之后工商银行关闭了支付宝快捷支付部分接口。支付宝也不甘示弱，不仅指责四大行的行为是封杀支付宝，伤害了储户支配自己资金的权

利；还反击工商银行限制快捷支付，建议用户换卡。

在这场传统金融与新兴金融的较量中，央行也在证明着自己的存在：2014 年 3 月 11 日，央行暂停了二维码支付，同时暂停的还有支付宝、微信理财通与中信银行联合推出的虚拟信用卡业务；2014 年 3 月 15 日，央行下发《手机支付业务发展指导意见》草案，个人支付账户转账单笔不超过 1000 元，年累计不能超过 1 万元，个人单笔消费不得超过 5000 元，月累计不能超过 1 万元。并表示，上述措施均是出于安全方面的考虑。

不可否认，传统机构和互联网企业的竞争属于正常的市场博弈，整个市场会在各方的相互博弈中获得发展。可是，这个过程需要监管，央行要建立一个公平、透明的游戏规则，保障各方充分竞争。

央行所说的“安全”指的是一种物理层面的安全，即资金在某个账户中不会被盗。但世界上从来没有绝对的安全，即使是现金也有被偷的可能，哪一种支付形式更安全应该交给用户去选择，市场化就是让用户能够自由选择。

为什么互联网金融在国内比在美国更火热?

互联网金融的火热暴露了目前我国金融业以银行为老大普遍存在的问题：金融市场发展不够、金融商品较少、居民储蓄率高。广大投资者想投资，可是却不知道去哪里？中小企业融资的时候会遇到很多困难，即使有信用、有还贷能力的企业在借贷时，也需要办理很多的手续，让人无所适从……这就是所谓的金融压抑！

在长期金融压抑的环境中，大量居民理财的需求无法被满足，大量的中小企业融资贷款的需求无法被满足。互联网金融改变了原来以银行为中心的金融结构，实现了点对点交易。投资者和中小微企业都有了自主选择权，市场必然会呈现出爆炸式的增长。

在成熟的金融体系中，创新只能面向更细分的市场，而在我国却是空白一片；当然，这里也蕴藏着无限的机会，受第三方支付、“P2P”、众筹发展的启发，更多的用户积极参与进来。2012 年，仅有 20% 的人在网上寻找金融产品，到了 2013 年则已经提高到 30%，未来 3 ~5 年必然会达到 50%。

目前，国内的金融制度是不健全的，互联网金融的出现改变了这种中心化的结构，用户有了更多选择权，这样可以逼迫传统金融机构朝更加市场化的方向发展。

当然，互联网金融也要讲究游戏规则，行业也需要适度的监管！只有这样，才能够改变从业者鱼龙混杂的现状；只有这样，才会进一步保护消费者的权益，确保金融消费者的信息安全和资产安全。因为一旦出现风险，必然会损害这一新兴业态的健康发展。

◇监管，不仅要建立公平的游戏规则，还要维护好这个规则，保证信息的披露以及行业的透明度。

◇监管不应代表利益方，行政力量更不能介入利益的争夺。

◇银行监督管理委员会、证券监督管理委员会等监管机构应该按照具体的业务来监管，不能用一种模式去对应一个监管机构。

◇对于“跑路”现象非常严重的“P2P”行业，在合法合规的前提下，金融企业要努力挖掘用户的潜在需求，逐渐降低服务门槛，让更多的消费者享受到方便快捷的服务。

◇互联网金融企业要高度尊重消费者的权利，做好安全保障、风险管理和信息披露等工作。

◇监管应该在安全性、透明度等方面建立一些标准。一旦达到标准，企业就可以在公平的环境下自由竞争，用户自然会选择对自己更有利的。一切交给市场，监管机构要做的就是维护好这个生态。

目前，中国对互联网金融的监管还基本是空白，相关政策法规滞后给中国互联网金融提供了野蛮生长的空间。用户有着很高的储蓄率和庞大的可投资个人财产，互联网金融具有普惠、方便、快捷的特点，必然会引起极大的需求。

余额宝的实质是支付宝加上货币基金，通过低成本吸纳用户的小额资金，用户转到余额宝里的钱实际上是直接给了余额宝背后的货币基金，货币基金将这些钱集中起来，大部分投资给只有机构能够进入的银行间市场，同时，货币基金保留一定的余额，保证用户可以实时取走自己的钱。

余额宝对商业银行也造成了一定的负面影响，短期来看影响不大，如果国内监管环境进一步放松，余额宝限制因素减少，产品线定然会更加丰富，对商业银行的影响可能会继续加大。可是，余额宝的后续发展也将面临多重“瓶颈”：

◇规模扩张“瓶颈”。支付宝缺乏信用优势，很难吸引大额资金。

◇流动性管理压力。余额宝内的资金可以即时用于消费，但基金是每日盘后交割的，期间需要支付宝垫付资金，规模扩大后，随着备用资金的增加，必然会影响余额宝的流动性和收益。

◇收益波动。余额宝是和货币基金联系在一起的，但货币基金的收益是随市场波动而变的，并不稳定，余额宝收益还存在一定的亏损可能。

◇银行竞争和反制。银行“活期宝”等一些理财产品的风险比余额宝小，但流动性比余额宝高，收益也和余额宝相似，未来可能会降低起始金额限制。

中国互联网金融快速发展，实际上是进行了比传统银行更为激进的监管套利，是传统金融在监管之外的一种特殊生存形态，类似“影子银行”，存在更大的风险。目前，互联网金融面临的风险主要包括：政策不稳定、游戏规则不确定；从业者在金融方面的专业知识和支持不足；透明度不够，烧钱速度快，收入增长可能跟不上等。

互联网金融灵活而激进的运作模式影响了传统金融机构的固有格局，但它也要讲究游戏规则！为了尽快形成成熟的、有中国特色的防治网上金融犯罪的法律保障体系，就要加强法律制订和修改工作，尽快填补现行法律关于网上金融业务监管存在的漏洞和空白。

本章小结

☞从社会稳定角度讲，非法套现行为还会刺激地下融资，在金融监管体系外产生巨大的现金流，且无法监控。这种情况，在一定程度上会刺激地下融资的泛滥，不仅为不正当资金使用提供了便利，还会降低宏观调控的有效性和权威性。

☞如果淘宝、百度、京东、苏宁等想要搞一个跟传统电商一样的网上金融大卖场，是根本行不通的。道理很简单：如果想要投资、理财，就要寻找一些能够解决实际理财问题的专业机构，没有人会找一个整合了各种理财产品的大卖场。

☞让投资者在自己能承受的合理风险的条件下，用尽可能少的投入，以更为高效的方式实现投资目标——这才是正确的专业理财规划。配置相对高风险的产品，是实现理财目标的一种不可或缺的有效方式。

☞不可否认，传统机构和互联网企业的竞争属于正常的市场博弈，整个市场会在各方的相互博弈中获得发展。可是，这个过程需要监管，央行要建立一个公平、透明的游戏规则，保障各方充分竞争。

☞互联网金融也要讲究游戏规则！为了尽快形成成熟的、有中国特色的防治网上金融犯罪的法律保障体系，就要加强法律制订和修改工作，尽快填补现行法律关于网上金融业务监管存在的漏洞和空白。

第二章　交易数据的可靠性

一、最重要资源是交易数据

今天，无论是互联网企业，还是传统银行，纷纷抢滩互联网金融，动作频频，让互联网金融概念瞬间火爆起来。其实，互联网金融并不是简单地把传统金融业务搬到网上去，而是充分利用大数据来颠覆银企之间信息不对称的问题。

所有的金融产品都是各种数据的组合，这些数据在互联网上实现数量匹配、期限匹配和风险定价，它们再加上网上支付就形成了互联网金融的核心。例如，依托淘宝和天猫的订单信息，阿里巴巴金融就能够掌握几十万商户最真实的经营数据，对此数据分析处理后就能建立起一个网络数据模型和信用评级体系，然后再根据评级筛选出合格企业为其发放贷款；这种积累起来的信用数据传统银行是不会掌握的。由此可见，互联网金融企业掌握的最重要资源就是交易数据。

在信用风险管理产业链中，如果由银行来实现对大数据资源的掌控，银行的触角就会进一步延伸，客户群就会大幅扩大；如果由评级机构掌握数据，就会显著弱化信息不对称的逆选择问题；如果由担保机构掌握数据，直接融资所占的比例就会迅速上升，而且多数投资者都会向担保机构购买信用风险衍生品；如果互联网企业掌握了这些数据，阿里巴巴金融模式得到复制的可能性是最大的。

名词解释：逆选择

是指由于交易双方对产品的类型和质量等信息的不对称而导致次货驱赶良货的一种现象。

对于互联网金融，每个人的理解都是不同的。可是不管怎么理解，一旦真正实际操作起来，必然需要解决两个问题，一是我们怎么寻找用户，怎么寻到产品？二是互联网金融的入口在哪儿？是流量入口还是产品入口抑或是风险定价能力？或者是其他的？

现在，不管是被叫作“互联网金融”，还是“在互联网金融里面的供应链金融”，在实践中我们已经看到很多的案例，比如：

在2010年和2011年，敦煌网和中国建设银行联合开发了一款基于供应链金融的产品，当时这一产品在整个市场上是一个率先的突破，打破了中小企业跟银行一定要见面、抵押、担保的惯例。在2011年，完全基于中小企业的交易的信用记录，企业就能得到银行的认同，这是一个破冰性、有意义的尝试。

很多的中小企业，在网上接生意、做订单的时候，需要的资金一般都很急，资金的额度也不高，而且频率高、周转快。在传统金融办理这些业务的时候，手续繁杂、等待的时间较长，是很难适应中小企业的实际需求的。

在敦煌网开发了这个产品之后，这些企业便成功实现了网上申请、网上贷款、网上还贷……所有的流程都是自动化的。而且，这种信贷的产品还可以重复利用，有些中小企业甚至每年都可以在网上有两三千笔的贷款重复使用。

作为一家跨境的电商平台，敦煌网经过十年的累积，已经拥有大量的中小企业的信用等级的评价体系和数据，可以捕捉到更多的节点数据，比如：是基于企业在初级阶段、中级阶段，还是在高级阶段？在定单的过程中，客户处于什么状态？客户的货物在他们的集货中心处在什么样的位置……由此，还可以延伸到和银行的合作，出现更多的基于企业在供应链上面的金融服务产品。

对于互联网金融来说，流量不是最重要的，最重要的是拥有真实的交易数据！

二、敏感数据放置云端，挑战资金安全

今天，云计算已经发展得非常火了，可是当企业将关键业务系统外包到云端之前，首先就要审视一下安全方面的问题。一般来说，企业都是用最关键的业务应用程序来处理人力资源、财务、信用卡和其他敏感数据的，任何一种信息遭遇危险，都有可能让企业缠身官司，严重损坏公司的品牌形象，直接导致客户拒绝购买产品或服务。

当企业将敏感的数据放置在云端的时候，自己的资金安全就会受到挑战！要想把应用程序积极有效地推向云端，就要解决好以下三个问题：建立第二

层防火墙保护机制；分析应用程序的说明文档，查明防火墙规则方面的新变化；收集系统和应用程序的元数据，实现平滑迁移。下面我们来具体说明：

名词解释：防火墙

也称防护墙，是由 Gil Shwed 于 1993 年发明并引入国际互联网的。它是一项信息安全的防护系统，依照特定的规则，允许或是限制传输的数据通过。

（一）建立第二层防火墙保护机制

在保护敏感数据的过程中，建立第二层防火墙保护机制是非常必要的，也是非常重要的！如何来建立第二层防火墙保护机制呢？

首先，要把敏感数据放在主企业防火墙后面的第二层防火墙段。要让第二层防火墙和相应网络把敏感的应用程序和数据保护起来，以免互联网的防火墙被突破后被人访问。

比如，对于一家杂货店来说，至少要部署四个防火墙段，这才是最明智的！一个段用于保护人力资源数据，一个段用于保护财务数据，一个段用于保护信用卡 PCI（支付卡行业）数据，一个段保护其他段共享的服务。

含有共享服务的段一般都含有常用的支持服务，比如网络和系统管理、加密和公钥基础设施（PKI）功能、访问控制服务和安全事件管理功能。为了保护企业，避免内部人员窃取数据，还要建立一个隧道访问协议。

隧道访问协议是一种访问控制功能，会迫使所有的管理员在针对段内系统执行管理任务之前把相关信息记入日志。因此，所有管理员的访问都会被跟踪，这种方法可以有效防止内部人员窃取信息。

（二）分析应用程序的说明文档

进行分析，我们可以保证应用程序成功地迁移到云端的第二层防火墙后面。如何来对应用程序的说明文档进行有效分析呢？

第一，从了解应用程序的设计文档入手。

设计文档可以让你全面了解这样一些问题：哪些业务需要应用平台、使用什么中间件、使用什么数据库、使用什么协议。

第二，关注与应用程序交互的所有系统。

一般来说，企业的安全团队会将有关该应用程序的各种信息统统收集起来：什么数据是敏感数据、哪些工具被用来加密数据……

如果是面向互联网的应用程序，还要有一个渗透测试结果。为了解决这个问题，可以制作一份协议图，标明所有服务器及其 IP 地址、所用的协议、所用的协议（TCP 或 UDP）端口。通过这份网络视图就可以知道，哪些服务器需要彼此通话？它们需要使用哪些协议（端口）？

如果协议图全面详细，创建防火墙规则就成了一个很简单的步骤。防火墙规则通常都由源和目的地 IP 地址、所用协议，以及在这些协议上运行的端口组成。

（三）收集系统和应用程序的元数据

要想成功地移植应用程序，就要收集好系统和应用程序的元数据。如果遇到了问题，或者业务中断，或者想从云端撤下应用程序，就需要使用这些数据。

1. 系统元数据

每个防火墙段都有相应的系统信息，所有的应用程序共用相同的系统数据，比如相同的防火墙、路由器、交换机、加密算法和存储子系统。

系统元数据包括厂商、型号、软件版本和其他系统级配置数据。

2. 应用程序的元数据

应用程序的数据很相似，但它面对的是负载均衡器、加密方法、中间件、数据库、服务器硬件和操作系统，以及在这些系统上运行的服务、协议和端口。

应用程序元数据包括厂商、型号、软件版本及其他应用程序配置数据。

应该将这些元数据存放在哪里？我们可以把这些信息采用层次结构存放在轻型目录访问协议存储库中。在该目录中建立两个层：第一层是段系统，针对四个段中的每个段；第二层是应用程序，面向某个段中的所有应用程序。事实证明，这种结构能够系统性地收集所有元数据，有利于敏感的云应用程序快速做出部署。最重要的是，它能够把应用程序迅速部署到云端。

在对关键的云应用程序进行实时迁移的时候，要把数据放在第二层防火墙后面，将常用服务存在所有分段应用程序都能共享的其中一个段中；要根据所保护数据的类型，比如信用卡数据、财务数据、人力资源数据和共享服务，将应用程序放在不同的段中；要对各种说明文档进行编制或审阅，确保在第二层深度防御防火墙后面移植应用程序工作的顺利进行。

三、解决风险的方法很重要

（一）识别网络风险

所谓识别网络风险，就是认真考察网络交易的整个运作过程，确定交易流程中可能出现的各种风险，然后对其危害性进行认真分析。这种识别有利于发现交易过程中潜在的安全隐患和安全漏洞，有利于网络交易的安全管理。

在网络中，存在哪些风险呢？

1. 信息风险

从技术上看，网络交易的信息风险主要来自三个方面：

（1）冒名偷窃的“黑客”。为了获取重要的商业机密、资源和信息，这些“黑客”经常会采用源 IP 地址进行欺骗攻击。入侵者会伪装成一台内部主机的一个外部地点传送信息包，这些信息包包含有内部系统的 IP 地址；接着入侵者在 E - mail 服务器中使用报文传输代理来冒充他人，窃取相关信息。

（2）篡改数据的攻击者。有些攻击者会在没有授权的情况下进入网络交易系统，使用非法手段，对某些重要信息进行删除、修改、重发，给网络营

销带来信息风险。

（3）交易信息的丢失。出现这种问题可能有三方面的原因：一是线路故障；二是安全措施不当；三是在不同的操作平台上转换操作。

2. 信息传递过程中的风险

信息在网上传递时，要经过多个环节和渠道。随着计算机技术的迅速发展，原有病毒防范技术、加密技术、防火墙技术等始终存在着被新技术攻击的可能性。

——计算机病毒的侵袭、“黑客”的非法入侵、线路窃听等很容易使主要的数据在传递过程中泄露，威胁电子商务交易的安全。

——各种外界的物理性干扰，如通信线路质量差、地理位置复杂、自然灾害等，都可能影响到数据的真实性和完整性。

3. 信用风险

信用风险主要来自三个方面：

（1）来自买方的信用风险。个人消费者可能在网络上进行恶意透支，或使用伪造的信用卡骗取卖方的商品；集团购买者可能会拖延货款。这些都是卖方需要承担的风险。

（2）来自卖方的信用风险。卖方不能按质、按量、按时给消费者寄出购买的货物，或者不能完全履行与集团购买者签订的合同。这样就会给买方带来风险。

（3）买卖双方都存在抵赖的情况。

4. 管理方面的风险

严格管理是降低网络交易风险的重要保证，特别是在网络商品中介交易过程中，客户进入交易中心之后，买卖双方会签订合同，交易中心不仅要监督买方按时付款，还要监督卖方按时提供符合合同要求的商品，在这些环节上，存在很多管理问题。

（1）人员管理漏洞。人员管理经常是在线商店安全管理上的最薄弱的环节。最近，我国计算机犯罪大都呈现出内部犯罪的趋势，而且主要是因为工作人员职业道德修养不高、安全教育欠缺和管理松散所引起的。有些竞争对手还利用企业招募新人的方式在企业安插“眼线”，或利用不正当的方式收买企业的网络交易管理人员，窃取企业的用户识别码、密码、传递方式和相关的机密文件资料。

（2）网络交易技术管理漏洞。网络交易技术管理存在漏洞会带来较大的交易风险。有些操作系统中的用户是无口令的，比如匿名 FTP，他们不是利用远程登录（Telnet）命令登录，就是利用 r 系列服务存在的信任概念作为被信任用户进入系统，然后把自己升级为超级用户。

其实，现在的信息系统绝大多数都缺少安全管理员，缺少信息系统安全管理的技术规范，缺少定期的安全测试与检查，更缺少安全监控。虽然很多企业的信息系统已经使用了许多年，但计算机的系统管理员与用户的注册依然都处于缺省状态。

5. 法律方面的风险

电子商务的技术设计是先进的、超前的，具有强大的生命力。但必须清楚地认识到，在目前我国的法律体系内，还找不到现成的保护条文来对网络交易中的交易方式进行保护，网络交易可能会承担由于法律滞后而造成的风险。

（二）网络信息安全问题的解决对策

所谓网络信息安全，指的是为数据处理系统的技术和管理采取的安全保护，这样计算机硬件、软件数据就不会因偶然和恶意的原因而遭到破坏、更改和显露了。保证网络信息安全的技术主要有：

1. 加密技术

信息的保密性是信息安全的一个重要方面。数据在传输过程中有可能会遭到侵犯者的窃听而失去保密信息，为了解决这一问题，我们可以使用加密技术。

加密技术是一种主动的信息安全防范措施，可以利用一定的加密算法将明文转化成无意义的密文，有效防止非法用户获取和理解原始数据，从而确保数据的保密性。

目前，典型加密技术有两种：对称加密（私人密钥加密）和非对称加密（公开密钥加密）。其中，对称加密以数据加密标准 DES 算法为典型代表；非对称加密通常以 RSA 算法为代表。

采用加密技术，在计算机和网络通信中可以解决这样一些问题：鉴别身份、控制访问；信息的保密性、完整性、不可否认性。

2. 防火墙技术

电子商务的数据是通过开放的 Internet 网络来进行传输的，为了确保网络和系统的安全，不受“黑客”和木马病毒的攻击，可以在网络的边界安装一个防火墙。

防火墙，可以在内部网络和外部网络之间提供一个必要的隔离措施。内部网络可以通过防火墙和路由器来对外部网络的连接进行控制，从而有效实现网络的隔离。

对于用户端主机，可以安装使用软件防火墙，比如天网防火墙软件、ARP 防火墙等。对于电子商城和银行系统来说，最好在网络边界安装使用一个基于硬件的防火墙产品，这样安装使用防火墙后是不会影响到网速的。

在防火墙规则中配置 IP 包过滤规则，可以对进出网络的 IP 数据包进行过滤，保护网络和数据通信的安全。

3. 数字签名

数字签名，是一种类似写在纸上的普通的物理签名，使用的是会用到公钥加密领域的技术，主要用来鉴别数字信息。一套数字签名通常可以定义两种互补的运算：一个用来签名，另一个用来验证。

具体过程为：首先，将摘要信息用发送者的私钥加密，与原文一起传送给接收者。

其次，接收者使用发送者的公钥对被加密的摘要信息进行解密。

最后，用 HASH 函数对收到的原文产生一个摘要信息，与解密的摘要信息对比。如果相同，则说明收到的信息是完整的，在传输过程中没有被修改；否则说明信息被修改过。

4. 安全认证中心

安全认证中心，是电子商务的一个核心环节，承担着网上安全电子交易认证的服务。安全认证中心不仅要签发数字证书，还要对用户身份进行有效的确认；主要任务是受理数字凭证的申请、签发和对数字凭证的管理。

本章小结

☞互联网金融企业掌握的最重要资源就是交易数据。对于互联网金融来说，流量不是最重要的，最重要的是拥有真实的交易数据！

☞要想把应用程序积极有效地推向云端，就要解决好以下三个问题：建立第二层防火墙保护机制；分析应用程序的说明文档，查明防火墙规则方面的新变化；收集系统和应用程序的元数据，实现平滑迁移。

☞加密技术是一种主动的信息安全防范措施，可以利用一定的加密算法将明文转化成无意义的密文，有效防止非法用户获取和理解原始数据，从而确保数据的保密性。

第三章　良好的用户体验

一、用户体验至关重要

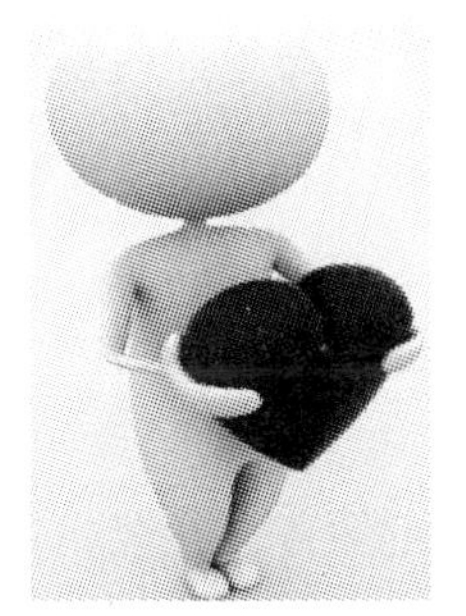

最近一段时间，券商互联网化被媒体和业界人士讨论得如火如荼。其实，不仅是券商，就连基金、保险、银行等各类金融机构也都纷纷将自己的注意力集中在了互联网金融上。

互联网金融，究竟是一种什么东西？可能暂时谁都看得不是很清楚，但核心的一点必然是：重视用户体验！

要了解互联网金融，首先得了解互联网的精神要义——尊重人的个性，把客户的体验当作头等大事。网络游戏之所以这么火，如此赚钱，最大的原因就在于满足了个体社交的需求，满足了马斯洛所说的自我实现的需求。

在科技无比发达的时代，人群割裂，信仰缺失，人与人之间是很难取得信任的，每一个人都害怕孤独。网络游戏和社交媒体就为大家搭建了这样一个平台，在这里，互不相识的人可以像熟人一样交流、沟通，因此受到了广泛的欢迎。

可是，在很长的一段时间里，金融资源都是一种稀缺资源，拥有垄断牌照；券商、基金、保险、银行等金融机构在投资者面前都处于强势地位。“反正我的产品摆在这里，买不买是投资者的事情。”至于产品是不是符合投资者的风险收益特征、收益能否让投资者满意……金融机构从来都不会考虑这些问题，客户的体验也就无从谈起。可是，今天，金融产品越来越多，金融牌照逐步放开，再加上股市行情不好，金融机构不得不开始重视客户体验。

事实证明，金融产品能否盈利，主要在于客户体验的最大化。其实，除此之外，还有各种各样的体验，比如：服务是否到位？风险提示够不够？产品宣传时有没有忽悠投资者？是否根据客户的需求设计不同的理财产品？是否提供了其他各种增值服务？

要想迎接互联网时代的挑战，金融机构就要思维互联网化、体制互联网化。如果依然摆出一副高高在上的姿态，自以为是“理财专家”，做好了一个劲地吹嘘，做不好百般推诿，何谈用户体验？

在互联网金融时代，就要给客户提供方便快捷、高效便利、交易成本低的服务，让客户获得持续稳定的收益。如果缺少了这些用户体验，金融机构就会在赢家通吃的时代被淘汰掉。

随着移动互联网的探索发展和大数据的广泛应用，传统的业态和商业模式受到了不断的颠覆，生活的各个方面也受到了深刻影响。今天，互联网的强劲势头更是受到了人们的广泛关注。阿里巴巴的余额宝轰动一时，就连新浪、腾讯、百度、网易、东方财富网等互联网企业也纷纷潜入互联网领域。

要想获得胜利，就要重视用户体验！互联网对于金融业的渗透之所以会受到如此大的关注，重要的原因是用户体验。银行业之间的竞争，同质化趋势比较明显，没有形成特色化、差异化，不能完全满足大部分的金融需求，而互联网金融却以它独有的方便、快捷，为百姓提供了当前行业不能提供的便利和服务，满足了老百姓、小微企业对创新的需求。

名词解释：小微企业

是小型企业、微型企业、家庭作坊式企业、个体工商户的统称。

从本质上来说，互联网金融是互联网与金融的融合。互联网金融与传统银行业绝不是相互取代，而是相互促进，共同肩负着为广大客户提供优质服务的重任。在大数据和互联网的浪潮下，重视客户体验就要解决好两个重要的问题：

第一，培养互联网思维——最根本的问题。对于如今的银行来说，最缺的不是技术而是思维：互联网企业最基本的思维就是开放、共享、平等、共赢，就是以客户为导向的经营；互联网的最大改变在于规模的再造、运营模式的颠覆。要想抓住客户，必须以互联网的思维去开拓创新。

第二，获取大数据的红利——最现实的问题。不远的将来，大数据红利必然会成为一种基础性资源，大数据的能力也会成为一种核心竞争力。研究发现，只要将现有的资源充分利用起来，就可以把贷款的份额增加一倍，把贷款损失减少 1/4，因此，银行不仅要充分利用已有数据，还要不断扩大数据来源，逐渐开放创新，提升服务质量，赢得用户的信赖。

二、金融产品也是有人格的

今天，在销售金融产品的时候，很多人已经发现：被挂在嘴边的“品牌是与消费者沟通的媒介”论已经过时了。在过去，品牌（特别是广告）说什么，就是什么，人们就会跟着品牌走；可是，在这个信息基本对称的时代，产品说什么，才是什么。

因此，要想建立一种属于自己的金融产品品牌，就要遵循这样的逻辑路线：首先，在金融产品中注入一定的精神因素；其次，要让消费者感受到这种精神因素；最后，要让消费者把精神因素与品牌建立起一种联想……至此，一个闭环才算完成。

如果不明白“精神因素”是什么，就可以把“精神因素”这个词替换成“人格”。消费者真正需要的金融产品，是一种自我人格的体现。如果某个金融产品凝聚了消费者已经具有的（希望具有的）所有好的人格特质，例如公平、正义、人性、创造性、艺术性等，人们自然会欣然接受。

产品是人体的延伸！手机是，汽车是，微信是，淘宝是，金融产品也是！可是，对于今天这样一个特殊的时代，“延伸”已经远远不够，产品必须是“人格本身”。

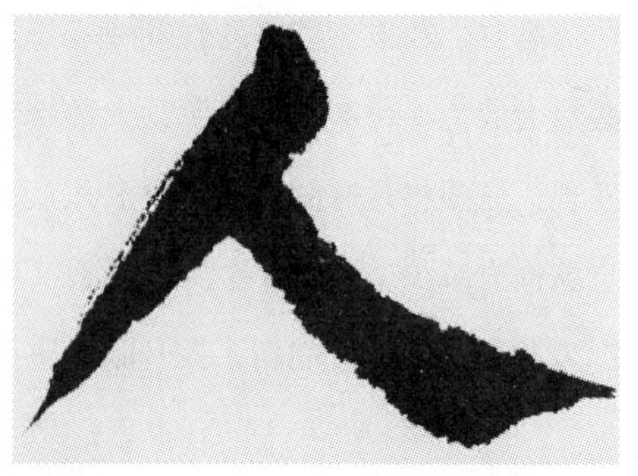

理财产品和钱有着密切的关系，在其上面赋予一定的人格，就可以让用户体会到“快乐”，这也是余额宝业

务在价值层面的第一个承载。让我们来算一笔账：如果客户在余额宝上线之日（6 月 13 日）起转入 1 万元，到 8 月 18 日就会获得 86.66 元的收益。现在，可能很少有人会把这笔钱当大钱了。可是，客户会说："这相当于一个月的话费，在北京可以乘坐 40 次地铁。"

通过简单的操作，就可以让用户获得增量价值。当人们从生活需求角度来认知这个价值的时候，就会获得快乐，这就是金融产品人格的体现！

在生产金融产品的时候，金融企业要思考这样两个问题：第一，我们行业真的理解客户吗？金融企业过去是不是都觉得高高在上？第二，"快乐"代表着一种产品、一个模式所契合的社会文化心理层面的诉求。在我国，上网人群比例高达 40.7%，当人们在网上吐槽、抱怨、怀疑、励志的时候，其实内心是有着孩子般的期待的。这也是余额宝能够深入人心的一个重要原因。

产品如人，金融产品也是有品格的！也许有些金融产品可以做到，可是，一定要有鲜明的个性、明确的价值主张、可认知的功能，更重要的是，要将自己的目标设定在为客户创造价值这一基点上。这个价值，不仅包括钱，还包括一些精神上的东西。

三、专注小而美的微生态

在过去的一段时间里，余额宝客户数量保持了快速增长，继 2013 年 6 月 30 日达到 251 万户之后，目前已经出现了数倍增长。可是，户均持有的金额虽然在不断上升，但依然停留在千元级水平。每天各种交易的（转入、消费、转出等）笔数高达百万，每笔交易的平均客单价在 2000 元左右。之所以会出现这种情况，主要在于客户群！

在这一客户群体中，80%以上是30岁以下的年轻人。典型的情景是：

◇早上一起来，他们就会通过手机或个人电脑查看当天到账的收益，然后带着好心情吃顿早餐，开始一天的生活和工作。

◇领到工资之后，他们会将旁落在某个角落的活期或无息款项随时转入余额宝。

◇空余时间，他们会在自媒体上晒账户、谈攻略、分享“赚钱”的快乐；会关心余额宝每天收益几分钱的涨跌。

◇休息的时候，他们会时不时地与支付宝或天弘的旺旺客服进行联系：转钱多的时候问问限额，收益波动时问问原因，收益显示稍晚时表达一下担心。

◇他们还会时不时地在淘宝天猫上拍下一些心仪的宝贝，然后盘算直接用余额宝支付，还是用关联信用卡支付？

◇在月末，他们会集中使用余额宝还信用卡、交水电煤气费、手机话费或宽带固话费等，把余额宝交易量推向新高。

……

这是一个小而美的微生态，它是活跃的、小而微的、快乐向上的。当客户感叹“余额宝开启了我人生的第一次理财”时，当云客服在上线前喊出“我在云端准备好了”时，当客户对旺旺客服说“亲，谢谢你的回答，这么晚了，早点休息吧”时，我们都能看到这个微生态的生长和扩大……

不可否认，任何一家金融机构都不能低估这个小而美的微生态的力量。马云曾经说过：“主宰非洲草原的不是狮子，而是土壤里的微生物。经济生活中何尝不是如此！”因此，一直以来，余额宝团队既没有卖基金，也没有玩电商，而是带着对这个微生态的尊重和敬畏，细心呵护着，使自己也成为它的一员。

过去一段时间，余额宝团队没有做过任何的“运营”活动，只是在不断地升级系统功能、加强客户服务、提升投资管理水平。余额宝技术团队还完成了一项重要发布——收益发放加速器。使用这种加速器，大大缩短了客户前日取得的收益在“我的支付宝”中显示的处理时间，客户每天一睁开眼睛就看见收益，让自己快乐一整天。

除此之外，他们还做了这样一些工作：

1. 新增

启动了“微快乐播报”，用团队和客户的笑容、真实感悟来播报每日的收益；通过“一张图告诉你”系列图说，向客户形象解释余额宝的收益来源、风险因素、应用场景等知识和信息；启动了“云客服”试点，在试点成功后适时推出，推动了“客户帮助客户”的生态圈建设；设立了“客户体验师”岗位，其职责是代表客户挑刺、找错、提需求。

2. 合作

与阿里巴巴进一步梳理流程、加强信息沟通和分享，对基金流动性需求进行更加及时准确的监控和预测，有效提高基金管理水平；与中信银行等机构密切合作，提高资金清算效率和流动性管理水平，保障未来更大的交易需求……

这正是余额宝该做的一切。虽然团队成员比余额宝上线前更忙更累，但大家都很快乐，不仅获得了工作带来的成就感，还感受到了这个小而美的微生态的感召！

本章小结

☞互联网金融，究竟是一种什么东西？可能暂时谁都看得不是很清楚。

但核心的一点必然是：重视用户体验！金融产品越来越多，金融牌照逐步放开，再加上股市行情不好，金融机构不得不开始重视客户体验。

☞要想建立一种属于自己的金融产品品牌，就要遵循这样的逻辑路线：首先，在金融产品中注入一定的精神因素；其次，要让消费者感受到这种精神因素；最后，要让消费者把精神因素与品牌建立起一种联想……至此，一个闭环才算完成。

☞不可否认，任何一家金融机构都不能低估这个小而美的微生态的力量。

第四章　转变观念比技术难

一、颠覆“投资者教育”

按照习惯，理财产品的营销话术通常是这样的：

首先，“你不理财，财不理你”，说的是理财的必要性。

其次，理财产品可以获得风险补偿，债券基金收益高于货币基金，混合基金高于债券基金，股票基金高于混合基金，这叫作“以利诱人”。

再次，通胀会使财富贬值，如果不理财，养老问题、子女教育问题等都会遇到麻烦，这叫作“以害惧人”。

最后，有些销售人员还会对用户说，要价值投资，要在低估时买入，要在市场犯错误时买入……

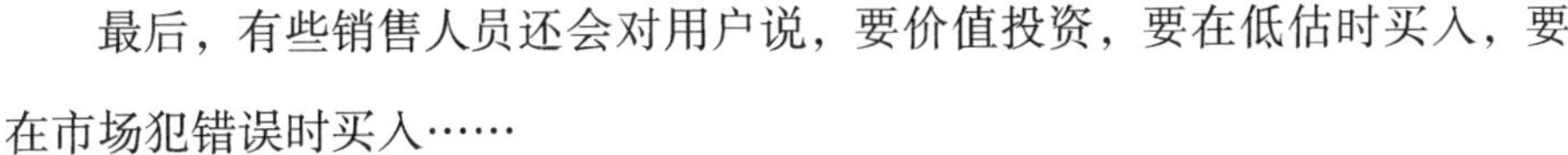

那么，该如何开展“投资者教育”呢？

西方教育更多的是帮助，提供条件让对方成为自己想要成为的人；而我们的传统教育更多是要让你明白道理、按行为规范行事。在理财方面，既然我们提供给大家的是一点简单的价值、一个不确定的结果，就应该简单完整地呈现出来，让客户自己去学习、体验、分享、创造。

归根结底，产品开发要有同理心，要用情商，要将心比心地感知客户需求。那么，如何来进行“投资者教育”呢？

（一）开设学校

最近几年，证券市场起起落落，牛熊交替，传播理念、服务客户就显得尤其重要了。开展投资者教育并不是权宜之计，而是金融公司成长过程中的一项长期性、系统性工作。作为资本市场主体的金融公司完全可以通过做好投资者教育工作来提高客户服务品质，以此来促进公司各项业务的发展。

（二）对客户培训

客户的层次是不同的，要推出相应的服务，针对一些新客户，最好做一些培训。进行培训的时候，要从最简单的入门开始，让没有任何操作基础的客户慢慢地接触市场、了解市场、熟悉操作。

（三）成立投资者互助平台

在进行投资者教育的过程中会出现一些问题：很多客户虽然感觉大讲堂的内容与形式都不错，但是一个人的投资理念毕竟有限，并且容易形成思维定式。因此，要切实转变服务模式，增加客户之间的互助；要开设一些互助平台，鼓励投资者多交流。

互助平台是一种服务客户的新模式，可以为投资者提供更多的服务内容，更好地促使客户资产的保值、增值。

（四）向投资者强调风险

要充分利用各种渠道，向投资者反复强调：不要相信那些所谓的私募，要相信正规金融公司和研究机构的力量！

二、平台的竞争将是重中之重

平台经济的出现，给银行传统的思想观念、组织结构、营销方式和产品创新带来了革命性的变化。互联网金融就要搭“平台”！

互联网金融服务的是一种互联网经济。今天互联网经济已经进入了平台经济，互联网公司凭借自己的平台优势进军金融业，就给传统银行带来了一定程度的冲击。随着平台经济的实现，金融作为服务银行的部门应该随着经济的发展而不断创新。

国际上，苹果 iPhone 和 iPad 早已宣告了平台经济时代的来临，“平台”已经发展成为一种共识，国内也掀起了平台经济的革命：第一类是第三方平台，比如本身不产生产品，通过整合资源促成双方和多方共同交易；第二类是电商化，随着互联网的不断发展，包括电信运营商在内的企业开始把产品通过互联网渠道进行销售。

平台经济的出现，对传统金融银行的市场地位形成了一定的挑战。比如，第三方支付公司进入了传统金融的业务，虽然有利缓解了小企业的融资难问题，可是却对银行的支付、现金管理形成了挑战。

尤其值得一提的是阿里巴巴金融，资料显示，截至2013年一季度末，累计服务小微企业已经超过25万家，单季完成贷款笔数超过100万笔，环比增长51%，笔均贷款约1.1万元。此外，大宗商品交易平台如B2B也积累了大量的商家数据，C2C和B2C电商公司对这些资源进行有效整合之后，就可以为小微企业进行服务了；当电商具有交易数据和交易平台的时候，也就进入了金融。

在信息化的时代，各种新的商业模式的竞争和融合，是银行必须面对的问题。为了将变化和挑战转化为机遇，就要积极想办法！

今天，很多银行也在不断进行创新，例如：建设银行、工商银行等和阿里巴巴进行合作，开办了网络带宽；建设银行还在2012年6月，自建了电子商务，注册会员150万户，交易量达100多亿元。

从2010年开始，以平台经济为理念，华夏银行研发了一套具有自主知识产权的模式探索“平台金融”服务，实现了资金流、信息流、物流的“三流合一”服务，打造了一种“小企业的未来银行”模式。

企业不仅可以在这个平台进行电子保理、未来提货权电子保兑仓、电子订单融资、电子采购融资等，还可以进行商品交易市场优先权的处置、商品交易市场的保证担保融资和商品交易市场的未来提货权电子保兑仓等。数据显示，截至2013年7月末，在这一平台上线运行的客户多达169个，小企业客户多达6056个。

不可否认，平台经济模式已经成为商业发展的新热点。互联网金融化、银行电商化都处于积极的状态，真正的竞争即将开始！

平台，是互联网时代垄断性数据的唯一可持续来源，基于线上交易平台获得的数据是布局互联网金融的必要条件。不管是银行搭建电商平台，还是互联网企业为交易用户做服务，其核心都是想通过对客户数据进行的分析，预测出客户可能的消费和交易需求，精准掌握客户的信贷需求或其他金融需求。因此，围绕平台的竞争将是重中之重！

如今，国内各家大银行都已经意识到了平台的重要性，开始建设电商平台，比如：网上商城。虽然传统商业银行在线下能力、金融专业能力、资本和客户基础等领域依然具有绝对的优势，但依然很难实现资金流、信息流、物流三者的有机结合。只有通过IT平台系统，使系统服务进入到企业经营的全过程，才能实现信息流、资金流和物流的整合，才能有效整合外部合作资源和其他社会化资源。

在互联网时代，越来越多的产业都在朝着平台化商业模式演进，各行业供应链都呈现出平台化的发展趋势，供应链的各方参与者都在自己的生态圈内向上下游延展，金融企业想要占有一席之地，要么成为平台，要么成为平台的参与者。

目前，国内已经形成了很多颇具规模的互联网平台，比如淘宝、携程、京东等，此外还包括QQ、微信、微博等潜在平台，这些平台都掌握在互联网企业手中。

平台经济一般都具有自然垄断特征，现有的平台必然会对后来的进入者产生明显的阻碍。在这个大数据不断壮大的时代，传统行业如何利用大数据不断创新与变革，是每个企业都应该深入思考的问题！

本章小结

☞在理财方面，既然我们提供给大家的是一点简单的价值、一个不确定的结果，就应该简单完整地呈现出来，让客户自己去学习、体验、分享、创造。

☞进行投资者教育的过程中会出现一些问题：很多客户虽然感觉大讲堂的内容与形式都不错，但是一个人的投资理念毕竟有限，并且容易形成思维定式。因此，要切实转变服务模式，增加客户之间的互助；要开设一些互助平台，鼓励投资者多交流。

☞互联网金融服务的是一种互联网经济。今天互联网经济已经进入了平台经济，互联网公司凭借自己的平台优势进军金融业，就给传统银行带来了一定程度的冲击。随着平台经济的实现，金融作为服务银行的部门应该随着经济的发展而不断创新。

☞在互联网时代，越来越多的产业都在朝着平台化商业模式演进，各行业供应链都呈现出平台化的发展趋势，供应链的各方参与者都在自己的生态圈内向上下游延展，金融企业想要占有一席之地，要么成为平台，要么成为平台的参与者。

第五章　传统金融已经觉醒

一、金融市场呈现“蝴蝶效应”

一只南美洲亚马孙河流域热带雨林中的蝴蝶，偶尔扇动几下翅膀，两个星期之后，居然在美国得克萨斯引起一场龙卷风。这便是著名的“蝴蝶效应”。

“蝴蝶效应”的产生是连锁反应：蝴蝶翅膀的运动，不仅促使其身边的空气系统发生了变化，还产生了微弱气流；而微弱气流的产生又引起了周围空气或其他系统的变化……由此引起连锁反应，最终导致其他系统的极大变化。在余额宝“蝴蝶效应”的示范下，阿里巴巴、腾讯、苏宁云商等众多互联网大佬也开始了“跑马圈地”，传统的银联也加紧布局。

（一）围绕基金销售的重要事件

对于基金销售市场来说，余额宝就像是一阵旋风，在短短的几个月之间就一跃成为中国最大的货币市场基金产品，不仅彻底引爆了基金网络销售的想象空间，也让其他互联网平台商看到了其中存在的机会，于是各大网络平台开始纷纷抢占货币市场基金销售市场。

2013 年后半年，围绕基金销售的重要事件主要有：

2013 年 6 月下旬，东方财富旗下的天天基金网推出了“活期宝”，截至 2013 年三季度末，活期宝销售量近百亿元。

2013 年 8 月 1 日，华夏基金在腾讯微信平台推出了现金理财工具“活期通”。数亿微信用户通过微信可以购买华夏现金增利货币基金，实现了基于货币基金的现金理财。

2013 年 10 月中旬，银联和光大保德信基金合作，推出了为企业管理流动资金的“类余额宝”产品。该平台将商户结算资金直接投向了银联基金宝产品，用于银联企业客户的资金管理。

2013 年 10 月底，百度与华夏基金合作推出了理财计划“百发”。

除了上述平台以外，苏宁也联手汇添富基金与广发银行推出了余额理财产品。苏宁旗下的易付宝可以为基金网上直销提供支付结算服务。

（二）银行加入现金理财市场

如今，互联网平台的“群狼”正用其无所不在的触角蚕食着银行的利益，银行自然不会坐以待毙。目前，互联网平台和银行间的竞争已经火热展开。

1. 招商银行

招商银行推出了“溢财通”业务，具有民生银行新型电子银行卡的类似功能。

“溢财通”目前对接的是招商和汇添富两家基金公司旗下货币基金，如果客户想要当天快速赎回 T+0，客户要按照一定的贷款利率向银行支付相应的费用。

2. 民生银行

2013 年 9 月份，民生银行和阿里巴巴共同签署了战略合作框架协议，双方约定在资金清算与结算、信用卡业务等方面开展战略合作。民生银行在淘宝开设了旗舰店，并推出了针对淘宝用户的专属理财产品，实现了专属理财产品和其他适宜产品的展示、线上销售功能。

之后，民生银行还携手民生加银、汇添富两家基金公司，依托民生银行平台推出了一款新型电子银行卡。这种新型电子银行卡对接的货币基金，支持随时取现、转账等功能，且能实现 T+0 到账。该卡不同于实体储蓄卡，跨行转入和转出没有任何费用，还支持随时取现。

3. 广发银行

广发银行的物理网点不多，可是也将互联网金融提升到了战略层面，并与阿里巴巴在网上营业厅等方面开展合作并试水，并计划在这个平台上推出一系列创新金融产品。

（三）机构短兵相接

阿里巴巴的示范效应引发了新一轮民营资本进入金融领域的大潮，京东、苏宁等平台类公司相继效仿，各路资本抢滩金融的步伐显著加快。这不仅表现为各个互联网巨头公司之间的竞争，也表现为银行与互联网巨头之间的竞争。

互联网巨头不仅利用已有资源进行拼抢，同时对产品进行了创新，“余额宝二代”产品的推出，就是一个明显的例子。

除了产品开发以外，借势营销也是互联网巨头的优势所在。在 2013 年的“双十一”电商盛宴上，理财频道的集体亮相成了一个重要亮点。数百种基金产品同时登陆“双十一”盛宴，让人眼前一亮。数据显示，理财产品半天时间总成交金额就高达 5. 55 亿元。

二、“类宝”产品层出不穷

今天，互联网金融的“羊群效应”正在扩散。自从余额宝搅动理财市场后，在不到三个月的时间内，各种“类宝”产品在基金、第三方公司频频出现。就在业界还为银行理财与“类宝”的优劣争论不休的时候，银行也悄然加入了“类宝”战局，并在流动性上更胜一筹。

（一）余额宝

余额宝是由支付宝为个人用户打造的一项余额增值服务。通过余额宝，用户不仅能够得到收益，还能随时消费支付和转出，像使用支付宝余额一样方便。

用户在支付宝网站内就可以直接购买基金等理财产品，同时余额宝内的资金还能随时用于网上购物、支付宝转账等支付功能。转入余额宝的资金在第二个工作日由基金公司进行份额确认，对已确认的份额会开始计算收益。

特点：把钱转入余额宝中，可以获得一定的收益；支持支付宝账户余额支付、储蓄卡快捷支付（含卡通）的资金转入；不收取任何手续费；通过“余额宝”，用户存留在支付宝的资金不仅能拿到“利息”，而且和银行活期存款利息相比收益更高。

（二）理财通

2014 年 1 月 15 日，在微信“我”界面的“我的银行卡”频道中，微信理财通客服正式上线，在“我的银行卡”频道，投资者只要绑定相关合作银行的银行卡就能购买微信理财通。

理财通是由腾讯公司推出的一种基于微信的金融理财开放平台，首批接入华夏基金等一线大品牌基金公司。从 2014 年 1 月 16 日公开测试到 1 月 28 日，一共 13 个自然日，理财通的规模已经突破百亿元。

理财通现阶段只能在手机端操作，用你的一部智能手机下载微信 APP，打开微信，点击“我的银行卡”界面中“理财通”就可以进入相关基金公司开户，并通过微信支付申购，微信支付绑定的银行卡必须是储蓄卡（借记卡）。没有时间限制，无论何时何地均可操作。

（三）零钱宝

零钱宝是第三方支付平台易付宝为个人用户打造的现金理财产品。用户存放在零钱宝中的资金不仅能够得到较高收益，还能随时消费和快速转出，方便灵活且不收取任何手续费。

在零钱宝网站，有多只货币基金可供用户自由选择，充分保障了用户权益；同时，零钱宝内的资金随用随取，既可以用于网上购物、充值缴费、转账和信用卡还款等，也可以转到易付宝账户或银行卡。

特点：

（1）操作简单，使用灵活。零钱宝内的资金可以随用随取，既可用于网上购物、充值缴费、转账和信用卡还款等，也可以转到易付宝账户或银行卡。

（2）全程监管，安全保障。由银行对零钱宝资金实行全程监管。

（3）确保资金安全。易付宝提供全方位的安全保障体系，加倍安心。

（4）创新优势，更多选择。精选国内实力顶尖的基金公司，资产管理能力更强，多只货币基金可供自由选择，打破同类产品选择单一的缺点，充分保障用户权益。

（四）薪金宝

工商银行“薪金宝”是银行“阻击战”中的代表。购买了工商银行“薪金宝”，其实就是投资了工银瑞信的薪金宝货币市场基金。该基金成立于2014年1月27日。

在费率方面，“薪金宝”是全部免除的，即认购费、申购费、赎回费均为零。首次认购或申购最低起点为100元，追加的话最低1元。

与工银货币基金原本需要T+2到账相比，“薪金宝”的流动性更强一些，支持T+1到账。投资者可通过工商银行网点或是电子银行渠道购买。在工商银行网点签约后，还可以实现定额定投。

此外，工商银行在浙江地区推出的“天天益”也是类余额宝产品。其投资实体为工银瑞信的现金宝货币基金。“天天益”在认购时颇为便捷，其支持网上银行、手机银行签约，不需要本人到网点签约。“天天益”支持24小时随时赎回，赎回资金即时到账。

根据基金公司公布数据显示，薪金宝货币基金最近的七日年化收益率在6.5%左右，而现金宝货币基金的收益水平在6%左右。

（五）平安盈

平安银行推出的“平安盈”为投资者提供一个更广阔的投资平台，这或许也是平安银行对抗互联网金融的优势所在。

“平安盈”是平安银行通过与金融机构合作在互联网上通过财富e为投资者提供系列金融产品服务的平台。在现阶段，“平安盈”提供南方现金增利基金、平安大华日增利货币基金的快速转入和转出。

投资者只要先绑定平安借记卡，就可以达成包括网上缴费、购买基金、银行转账、积分查询、基金账户查询等需求，在投资方面，最低1分钱就可起购。

为了推广“平安盈”，平安银行推出过“周周赢”和“月月‘盈’金”活动。其中，“周周赢”活动每周抽取15位首次开户并完成账户绑定、激活的客户，奖励10克千足银；“月月‘盈’金”活动则对首次体验平安盈（金额不限）并完成产品问卷填写的客户，每月抽取2位送上10克千足金。

本章小结

☞在余额宝“蝴蝶效应”的示范下，阿里巴巴、腾讯、苏宁云商等众多互联网大佬也开始了“跑马圈地”，传统的银联也加紧布局。

☞理财通现阶段只能在手机端操作，用一部智能手机下载微信 APP，打开微信，点击“我的银行卡”界面中的“理财通”就可以进入相关基金公司开户，并通过微信支付申购，微信支付绑定的银行卡必须是储蓄卡（借记卡）。没有时间限制，无论何时何地均可操作。

☞在零钱宝网站，有多只货币基金可供用户自由选择，充分保障了用户的权益；同时，零钱宝内的资金随用随取，既可以用于网上购物、充值缴费、转账和信用卡还款等，也可以转到易付宝账户或银行卡。

第四部分

以未来的观点看未来——新金融模式未来的发展逻辑

第一章　创新与变化才是永恒

一、没有做不到，只有想不到

伴随着互联网的发展，尤其是移动互联的日益普及，互联网金融迅速崛起。

今天，互联网金融新产品之所以会令人眼花缭乱，其根本原因就在于，互联网金融产品的创新依然遵循了空间和时间两个维度的创新规律，一些互联网金融产品可以在传统金融产品中找到其原型或者基因。比如，支付宝的原型就是信用证，余额宝的原型就是货币市场存款账户。没有做不到，只有想不到，创新和变化才是互联网金融的永恒法则！

（一）支付领域的创新

在互联网金融中，支付领域的产品创新占据主导地位。如今，互联网尤其是移动互联，在很大程度上改变了人们的空间概念，大大加快了信息的流动和处理速度，促使支付领域的确定性信息更容易标准化。因此，随着价值的跨空间转移变得更加方便快捷，在支付领域，互联网金融产品实现了这样一些创新：

1. 支付入口出现突破

支付产品的实物载体（支付入口）突破了银行提供的载体范围，已经将范围扩大到了客户自有自用的载体。传统支付产品的跨空间转移，仅仅是资金本身的跨空间转移，可是支付入口依然是银行提供的，并且是相对固定的，比如银行的网点、ATM、POS等。但互联网支付产品的入口则突破了这一局限，扩大到了客户自己的电脑、手机上，尤其是随着移动互联的广泛普及，使得支付入口自身也变成了可移动的、跨空间的。

2. 创造出了第三方支付

在过去，除了现金支付之外，所有的支付都是通过银行体系进行的。可是，由于各家银行的支付系统自成体系，它们之间的横向对接存在很长时间的停滞。

第三方支付是互联网金融开创的一个新的支付领域。今天，银行系统日益集中化，以此为基础，第三方支付公司通过与多家银行的合作实现了实时对接，在一个账户中可以进行多家银行资金的互通，自己变成了基于银行之上的一种新支付中心，占据了网上支付的主要份额。

3. 免费成为互联网支付产品的大趋势

传统支付产品采取的都是前端收费模式，也就是直接向客户收取费用。可是互联网支付产品采取的是免费模式，不向客户收取任何费用。

只不过，由于支付产品需要投入较大的资金进行开发和系统更新，第三方支付公司缺乏高收益运用的渠道，第三方支付公司不得不面对这样一个难题：如何产生收入流来满足持续的投入需要？即使是依托阿里巴巴大平台的淘宝，也推出了收费政策，具体影响如何还有待进一步观察。

4. 支付环节融入到了交易过程

对于传统的支付产品来说，支付行为与交易行为是互相分离的，比如，先发货后付款，先付款后发货。即使是银行介入程度较深的支付产品（如信用证、保理等），其支付行为依然是相对独立于交易过程的。

可是，随着互联网金融支付产品越来越多，交易行为被嵌入到了交易过程中：一方面，在客户确定商品购买之后可以自然而然地进入到支付环节，通过实时支付提升客户体验；另一方面，只有在支付之后才能生成订单，这就更加突出了交易过程的整体性。

正是因为这个原因，支付宝才能在众多的第三方支付机构中处于绝对领先低位。支付宝依托于自己的淘宝和天猫平台，而其他第三方支付都没有自己的电商平台，因此，有些银行也希望通过建立自己的电商平台（比如建行的善融商务）来发展电子支付产品。

（二）投融资领域的互联网金融产品创新

在互联网金融中，投融资领域的产品创新更多的是一种尝试，虽然也有一些成功的经验，可是并不多。这主要是因为，跨时间的投融资产品处理的一般都是不确定的信息，需要做出非常专业的分析评估，而且还包括大量的非线上信息，很难实现标准化，很难实现从线上到线下。有些标准化的投融资产品，在设计中进行了标准化，相对来说可以衡量收益与风险，可以通过互联网的渠道进行销售。可是对于那些非标准化的信贷产品，互联网化的程度依然很低。与传统金融相比，投资类互联网金融产品实现了这样一些创新：

1. 人人贷

人人贷的兴起让资金绕开了商业银行这个媒介体系，实现了金融脱媒，这是很大的创新（具体内容前面章节已经介绍）。

名词解释：脱媒

指在进行交易时跳过所有中间人而直接在供需双方间进行。

2. 众筹投资

众筹网站使所有有创意的人都能够向几乎完全陌生的人筹集资金，消除了从传统投资者到机构融资的许多障碍。此外，众筹投资是以实物产品返还的形式实现回报的，和传统投资的货币回报比较起来，有很大的突破，将金融活动与实体经济更加紧密地结合在了一起（具体内容前面章节已经介绍）。

3. 线上小额贷款

线上小额贷款做得最好的是阿里巴巴。阿里巴巴通过旗下的浙江和重庆两家小贷公司，在阿里巴巴 B2B 业务、淘宝和天猫三个平台上分别提供订单贷款、信用贷款两项服务，形成了独特的“小贷＋平台”模式。贷款规模通常在 100 万元以内；如果客户是天猫的高端商户，则可以通过线下审核获得最高 1000 万元的贷款。

阿里巴巴金融的模式是建立在其拥有阿里巴巴系庞大电商生态系统的基础之上，他们对申请贷款商户的运营状况一般都非常了解，这就相当于拥有了一个详尽的征信系统数据库。基于这一数据库，通过数据挖掘能够在很大程度上解决风险控制问题。

阿里巴巴金融的小贷业务，最多的是淘宝、天猫平台的贷款。对于淘宝、天猫的商户来说，业务经营的全过程都是在淘宝系平台上完成的，其经营状况、信用历史记录等十分详尽；而且，系统还可以自动对其进行评价，因此贷款审核、发放都可以全程在网上完成。

4. 众安保险

众安保险是阿里巴巴、平安保险、腾讯合作成立的第一家网上保险公司。此公司以财险为主，通过网络向全国销售。目前该公司刚刚开业，具体经营状况有待于进一步观察。

5. 余额宝

余额宝是支付宝和天鸿基金合作创新的一种“支付 + 投资”类产品，可以和支付宝之间实现实时转账；同时将转入余额宝账户的资金投资于货币市场基金，每日结息；在需要支付时可以随时将余额宝账户中的资金转入支付宝进行支付。

余额宝推出后获得了巨大的成功，截至 2013 年 12 月 31 日，用户已经达到 4303 万个，其规模也迅速增长到 1853 多亿元，成为人数最多的公募货币市场基金。与此同时，天鸿基金公司也扶摇直上，成为仅次于华夏基金的第二大基金公司。

世上无难事，只怕有心人。世界上没有什么困难的事情，只要你下定决心，不怕困难，那么再难的事也就容易了，互联网金融的创新也是如此！

二、互联网金融产品创新的三条线

互联网金融产品的创新并不是毫无章法的，而是有“线”可循的！概括起来，金融产品的创新主要体现在这样三个方面：

（一）第一条线：空间维度的金融产品创新——支付领域的产品创新

空间维度的金融产品创新体现在三个方面的创新：突破空间限制、加快支付速度、改变支付流程。在空间维度实现价值的转移存在很多限制，比如自然地域边界的限制、国家边界的限制、市场边界的限制、速度的限制等，任何突破这些限制的产品都可以称为创新。

（1）货币使价值转移突破了自然地域的限制，从历史发展的角度来说，其实货币就是一项最伟大的金融创新，除此之外，支票、本票、信用证、信用卡等也是突破了地域限制的金融产品；离岸金融则是突破了国家边界限制的产品。

（2）在速度方面，从最开始的实物货币支付，到票据支付，再到电传和SWIFT，支付的速度不断提高。POS 则是在前互联网时代实现资金实时支付的最大创新。

（3）从支付过程来看，付款和收款两个方面有时候是合为一体的，有时候却是割裂开来的。比如：汇兑时，两者则是合二为一的，资金会从一方直接地、无条件地转移到另一方；而票据支付时，两者是分开的，需要收款人到银行去收款，可是一般只要交付票据后就能收到资金，是无条件的；使用信用证时，两者是分开的，而且收款是有条件的——收款者提供的单证必须满足预设的条件。

虽然上面所提到的各类支付产品都已经成为现代社会的基础支付结算产品，以现在的眼光来看非常传统，甚至过时，可是它们在出现的时候确实是一种创新，并有利地促进了社会经济交易的发展。

（二）第二条线：时间维度的金融产品创新——投融资领域的产品创新

从历史角度来看，投融资领域的金融创新更多地集中在风险的分散或者重新分配方面。比如：银团贷款就是分散风险的创新；项目融资则是从借款人的角度将风险控制在一定范围内的创新；抵押贷款、保证贷款则是降低风险的创新；资产证券化以及证券化之后的再证券化，都是对信用风险的重新分配，当然，收益也同时重新分配。随着金融工程的深入运用，资产证券化及其之上的再证券化越来越多。

名词解释：证券化

这种融资形式以特定资产组合或特定现金流为支持，发行可交易证券。

（三）第三条线：支付领域+投融资领域的金融产品创新

1. 信用卡

信用卡是一种非现金交易付款的方式，是简单的信贷服务。

信用卡是支付产品和融资产品的典型组合，既能在交易时进行支付，也能在银行核定的信用额度内进行透支。信用卡相比普通银行储蓄卡来说，最方便的使用方式就是可以在卡里没有现金的情况下进行普通消费，在很多情况下只要按期归还消费的金额就可以了。

2. 货币市场存款账户

这是美国20世纪70年代最为著名的金融创新。当时，银行在存款利率上限管制下为竞争存款，将传统的没有利息的支票账户与货币市场基金的投资账户相结合，创新出了货币市场存款账户。

货币市场存款账户曾经有2500美元的最低余额要求，超过这一金额的存款不受当时依然存在的利率限制，银行可以按货币市场工具的平均收益率确定货币市场存款账户的利率水平。存款人每个月可以从账户上进行6次转账，其中3次可以是支票转账。

3. 现金管理

现金管理产品是对大型集团客户提供的一种金融产品，融合了支付、投资、融资三方面功能。虽然银行对不同集团公司提供的现金管理产品各有不同，可是三个方面的功能还是很清晰的，只不过在管控财务风险、降低资本成本的总体目标之下被高度整合了。

三、金融创新需要“自我革命”

金融产品的创新成果是惊人的！比如：阿里巴巴旗下的支付宝公司结合天弘基金管理公司推出了“余额宝”业务；东方财富网旗下的天天基金网推出了“活期宝”业务……各种金融创新产品开始涌现。

虽然新一届政府对金融管制的放松给金融创新创造了良好的外部环境，但是如果想实现金融效率的提升，各金融机构也要敢于打破既得利益进行“自我革命”。

1. “余额宝”业务是支付宝公司的“自我革命”

“余额宝”业务是支付宝公司结合基金管理公司等金融机构为其用户所推出的一种创新型理财产品，支付宝公司借助其“网上直销自助前台系统”进行相关理财产品交易资金的划转和在线进行理财产品交易、信息查询等服务。

支付宝公司所推出的“余额宝”业务，是敢于对其既得利益进行“自身革命”的一项重要改革措施。过去，支付宝公司可以将客户备付金所形成的沉淀资金存放在商业银行，除了需要缴纳的部分风险准备金之外，获取了绝大部分备付金沉淀资金的利息收益。

名词解释：备付金

广义的支付准备金，包括库存现金和在中央银行的存款，前者叫现金准备，后者叫存款准备，其中存款准备金是主体。中国统称的备付金，是狭义上的存款准备，即专业银行和其他金融机构存入中央银行的存款。

名词解释：利息

利息是资金所有者由于借出资金而取得的报酬，来自生产者使用该笔资金发挥营运职能而形成的利润的一部分，是货币资金在向实体经济部门注入并回流时所带来的增值额。

现在，余额宝业务集合众多支付宝用户的小额资金用来购买“天弘增利宝货币市场基金”，这就让支付宝用户的小额闲置资金获取了较高的货币市场基金的投资收益；而支付宝公司原本可以无偿获得的利息等短期利益就会受到一定损失。

余额宝业务对基金管理公司、托管银行、支付宝用户和支付宝公司等各主体的影响各不相同，具体如下：

（1）对基金管理公司等金融机构的影响。“余额宝”业务增加了基金管理公司有机会扩大所管理的货币基金等金融资产规模的可能，实现了货币基金的T+0的赎回和支付功能；更多的基金管理公司乃至证券公司、保险公司等金融机构可以借助支付宝公司的客户网络对其理财产品进行销售；为了吸引更多的网络客户，基金管理公司很有可能会进一步加大金融产品的创新力度。

（2）对支付宝用户的影响。支付宝用户的小额闲置资金获得了远高于活期存款的投资收益，资金效率得到了提升。余额宝业务改变了支付宝用户乃至国内储户的金融习惯和账户利息意识，未来支付宝用户有可能会通过支付宝来购买其他类型的理财产品。

（3）对支付宝公司的影响。支付宝公司将本来属于自己的、可以无偿占用的用户沉淀资金收益通过货币基金收益的形式支付给了用户，必然会影响其短期利益。但从长远角度来说，这样不仅可以增加支付宝客户的黏性，有利于阿里巴巴集团整体金融战略的发展，比如，开设网上银行、银行卡等业务的实现，还将进一步扩大其在金融创新方面的影响力。

（4）对商业银行的影响。商业银行一般都对储户活期存款支付很低的利息。商业银行主要是依靠低成本的资金获得较高的息差收益的。未来随着国内储户金融意识的逐渐转变，具有较高收益率的货币市场基金有可能会替代大部分活期存款乃至储蓄存款，商业银行的存贷息差将会大幅收窄，其活期存款乃至定期存款业务都会受到较大影响。

2. 金融创新需要金融机构的“自我革命”

与支付宝公司的“余额宝”业务类似，东方财富网旗下的天天基金网也推出了“活期宝”业务，利用其网络客户的闲置资金投向货币市场基金产品，这就让用户获得了高于活期存款账户的投资收益。

“活期宝”业务是东方财富网旗下天天基金网针对优选货币基金而推出的一种新型投资工具，不仅可以归集银行卡的闲置资金，还能够实现货币基金的T+0赎回，最快的只要1秒钟就可以到达银行账户。目前，“活期宝”主要支持工商银行、农业银行、中业银行、建国银行、招商银行等14家银行卡，主要支持投资于南方现金增利货币、华安现金富利货币的两款货币市场基金。

虽然“余额宝”、“活期宝”等金融产品仅仅是在货币市场基金的T+0赎回和支付功能方面进行了一定创新，但其对中国未来的金融改革仍有一定的标杆意义。在过去，商业银行依靠储户低成本的储蓄资金可以获得较高的利息差，获得了中国金融机构绝大部分的利润来源。可是，“余额宝”和“活期宝”等金融创新业务的出现不仅会逐渐改变国内储户的金融习惯，还会提升居民账户的利息意识。金融创新业务虽然在短期内影响十分有限，还不能对中国商业银行体系庞大的储蓄存款业务造成冲击，可是伴随着货币市场基金替代储蓄存款的趋势，有可能会对商业银行体系造成较大的冲击。

要想实现金融创新和金融效率的提高，金融机构就不能固守于坚持既得利益的“自我革命”，而要逐渐提高自己的活力和效率，提高竞争力水平！

四、平安集团——从“捕鱼卖”到“找鱼卖”

平安集团是新加入的一个大玩家，在金融市场，朋友与对手总是快速切换。2013 年 11 月 6 日，马明哲与马云、马化腾出现在了同一个舞台上，为他们共同投资的众安保险造势。

马明哲认为，平安集团应该成为金融界的天猫，不再只售卖自己的产品，应该成为一种开放平台，从“捕鱼卖”变成“找鱼卖”。现在就让我们来看看，这家金融巨头在从“捕鱼卖”到“找鱼卖”的转变中是怎样处理基因冲突的，是怎样激活沉睡的数据的，是怎样搭建平台的。

（一）第一步，大能人的思维碰撞

吴世雄曾担任过微软大中华区 CMO 以及 eBay 中国区 CEO，进入平安集团之前，在中国台湾投资了一家名为“爱情公寓”的社交网站。2012 年 3 月，他到上海出差时，在猎头的引荐下，与马明哲初次见面。

马明哲对吴世雄的履历很感兴趣，却对“爱情公寓”不太理解。吴世雄告诉他，“爱情公寓”网站本质上是一家社交网站，主要为大龄未婚男女提供服务，用户可以在线上虚拟房间里体验同居生活；此外，它还设置了许多虚拟场景，虚拟商圈里的星巴克、全家这类品牌店只有支付一定的广告费用才能进驻。

看到马明哲对互联网与社交这样感兴趣，吴世雄感到惊讶。想到“平安拥有保险、银行、投资三大板块共 8000 万实名用户”，吴世雄便加入了这家陌生的金融企业。同时，马明哲的个性也很吸引他，“这么大的一家金融公司，全球 500 强 182 名，依然保持着创业家精神，难能可贵”。于是，他们便开始了一起合作的历程。

（二）第二步，激活大量的金融数据

马明哲拥有大量的金融类数据，到 2013 年平安集团三大板块已经积累了 8000 多万个实名客户，比如：银行、财富管理板块拥有客户的金融、资产信息；车险拥有客户汽车信息；寿险则拥有客户家庭、健康信息。

可是，马明哲明白，拥有和利用好这些数据在互联网时代完全是两回事。2013 年 4 月，马明哲聘请了原台湾“中国信托银行”的首席创新官及银行卡、支付业务 CEO 屠德言出任集团首席创新官，希望他能够利用自己的国际人脉，带来美国考察科技的创新，了解美国传统金融集团和零售业积累提炼数据的方法，让这些数据真正能够从营销角度、业绩角度产生价值。

为了解决数据问题，平安集团还在平安金科成立了一个大数据平台。平安集团赋予平安金科的任务是：帮助平安活跃用户，帮助平安获得新用户，这就是集团内部的“客户迁徙”战略。这一战略在平安保险、银行、投资三大板块中得到了不断的实践，是平安集团以保险优势拉动两个后起板块的一个战略手段。

目前，为了激活数据，平安集团还把自己的综合金融优势逐渐向一些与金融结合较紧密的传统领域渗透，比如，做二手车的平安好车等。汽车领域的金融属性比较强，车险是平安集团本来就有的优势，如果再加上汽车金融，比如：车贷、担保等，就会出现一条巨大的产业链。如今，平安集团在这条产业链的很多环节上都做了布局，只要用好“平安好车”这个平台，把产业链上各个节点的金融产品的优势聚合起来，一定能够在汽车产业中获得一席之地。

（三）第三步，成立陆金所

2013 年下半年，当招商银行、农业银行、上海浦东发展银行、广东发展银行等纷纷投身“P2P”领域时，陆金所早已先行一步。

2011 年底，平安集团成立了陆金所，随着成长速度的递增，其在平安集团内部的重要性凸显出来。平安集团邀请具有国际视野的美国人计葵生来担任陆金所董事长，他也是平安集团的首位首席创新官。

董事长计葵生虽然是个美国人，却讲着一口流利的汉语，来平安集团之前，他曾在中国台湾著名的金控集团台新金控担任首席运营官，在综合金融与交叉销售领域有着丰富的经验。他花费了三四个月的时间对整体市场进行了研究，看到了支付和大宗商品的机会，发现了中国成熟的固定收益金融产品市场的空白。

天猫的快速崛起让马明哲看到了平台的魔力，希望陆金所团队能够做一个类似于天猫的金融平台。为了让中小投资者获得高回报，为了可以有近似于活期存款的流动性，陆金所一上线便设计了一级市场与二级市场架构——投资者可以将自己的投资项目通过二级市场转让出去。

陆金所打算先尝试挑选一些优质客户，进行风险级别评定，将担保模式转化为保证金模式，比如：为了提高回报率，可以在准备金范围内进行赔偿，超过不赔。所有的这一切，对于陆金所甚至平安大数据能力来说都是一种挑战。如今，平安担保公司已经作为试点接入了人民银行征信系统。除此之外，陆金所还从外部引进了一套风控模型。计葵生为陆金所搭建了一支新风控队伍。

马明哲赋予了陆金所很多创新职责，今天陆金所团队中只有 1/4 的人在从事“P2P”平台工作，大多数的人都在从事研究工作，为未来做准备，例如：建立金融机构之间的平台和企业之间的平台。如今，陆金所在平安集团里越来越独立，未来或许会变成一个独立品牌。

马明哲对互联网金融板块的同事强调：你是做互联网金融的，虽然集团有很多资源可以利用，可是你要想办法跟以前的模式完全不一样。如果你跟银行的做法一样，或者直接使用银行那套体系，要你们干什么？他还要求，创新板块业务不能靠传统资源去做营销推广，如果是市场接受的东西，是不需要做大量推广的，只要受到了客户的欢迎，他们自然会信任你。

在过去的 25 年中，马明哲有一个常用武器——大胆利用外脑来推进创新。平安集团创新板块的组合很有趣，计葵生是美国人，顾敏是中国香港人，吴世雄是美籍华人。

人物简介：顾敏

顾敏自 2009 年 10 月出任中国平安保险（集团）股份有限公司副总经理，2010 年 3 月开始担任深圳平安渠道发展咨询服务有限公司董事长兼首席执行官，自 2010 年 1 月起担任平安数据科技（深圳）有限公司董事长兼首席执行官。

与阿里巴巴、腾讯等互联网公司相比，平安集团在互联网金融领域最大的挑战是：它是以寿险起家的，而寿险这个产业趋于保守和成熟，如果平安要向综合性金融平台转型，必须进行不断的思考，将各个板块比例进行适当调整；只有将风险分散之后，平安集团才能够健康成长。

平安既有保险，又有寿险、银行证券、基金，还有陆金所等，所有产品每天都在通过不同的渠道销售，有些是集团自己的，有些是跟别人合作的，要想把控整体风险，集团必须详细地了解每一种产品风险所在，必须保证资金的最有效运用。

本章小结

☞在互联网金融中，支付领域的产品创新占据主导地位。如今，互联网尤其是移动互联网，在很大程度上改变了人们的空间概念，加快了信息的流动和处理速度，促使支付领域的确定性信息更容易标准化，因此，价值的跨空间转移变得更加方便快捷。

☞虽然上面所提到的各类支付产品都已经成为现代社会的基础支付结算产品，以现在的眼光来看非常传统，甚至过时，但它们在出现的时候确实是一种创新，有力地促进了社会经济交易的发展。

☞虽然新一届政府对金融管制的放松给金融创新创造了良好的外部环境，但是如果想实现金融效率的提升，各金融机构也要敢于打破既得利益，进行"自我革命"。

☞虽然"余额宝"、"活期宝"等金融产品仅仅是在货币市场基金的T+0赎回和支付功能方面进行了一定创新，但其对中国未来的金融改革仍有一定的标杆意义。

第二章　完善财富管理功能

一、突破规模扩大化的天花板

就在2014年马年即将到来的时候，鏖战又开始了一个新的回合。2014年1月15日，天弘基金宣布余额宝规模已经超过2500亿元；可是，业内人士指出，当余额宝规模大到一定量级时，必然会遭遇“瓶颈”——如何吸引较大额、较高端的资金；而这些大资金，往往希望得到更专业和更个性化的定制金融服务。面对这2500亿元的天花板，余额宝该如何突破？

（一）支付宝能赚5亿~6亿元？

天弘基金宣布，截至2014年1月15日，天弘基金余额宝规模突破2500亿元，用户数超过4900万户；如果加上其他产品90多亿元的规模，天弘基金的总资产管理规模已经接近2600亿元，超越华夏基金，成为国内资产管理规模最大的基金公司。仅仅用了7个月的时间就成功实现了2500亿元，天弘基金实现了乌鸦变凤凰的蜕变!

当然，更令人关注的是余额宝在 2014 年 1 月间的高速增长。资料显示，从 2013 年 6 月 13 日上线，截至 2013 年 12 月 31 日，余额宝的规模为 1853 亿元；而天弘基金 2013 年的资产管理规模则达到了 1944 亿元，超过嘉实基金的 1905 亿元，一举跃居第二位。时间刚过去半个月，余额宝的规模就已突破 2500 亿元，增长额度超过了 650 亿元，增幅超过了 30%。

数据显示，截至 1 月 14 日，与余额宝对接的天弘增利宝货币基金自成立以来的万份收益总值为 309.24 元，在所有 A 类货币基金中排名第一，是全国最大的单只基金。

对于余额宝来说，这些数据不仅代表着规模的增长，更显露出规模背后的可观收益。余额宝是对接货币基金的，按照货币基金的管理费率 0.3% 来计算，2500 亿元的规模就能给天弘基金带来 7.5 亿元的管理费收入。

专业人士分析，支付宝平台具有庞大的用户规模，分成比例预计应该为七八成；照此计算，在规模达到 2500 亿元之后，支付宝获得的管理费分成可能会达到 5 亿 ~6 亿元。

（二）真正的秘籍——协议存款

其实，规模如此庞大的余额宝，真正投资的秘籍只是在于协议存款。一般来说，货币基金主要投资于剩余期限在 1 年以内的国债、金融债、央行票据、债券回购、银行存款等低风险证券品种，分享货币市场的投资收益。

其中，在货币基金收益构成中占大头的就是协议存款投资收益，而一般协议存款的利率会比同期同业拆借利率高一点；据业内人士透露，目前协议存款的利率为 4 ~5 个点。

如果在资金面较紧的情况下，货币基金规模越大（即货币基金手中的资金越大），在与其他机构谈判的过程中筹码就越多，协议存款的利率与同期同业拆借利率也将随着资金供应的紧张程度而变化。

可是如果规模过大，同样也会面临无法找到可匹配产品的困境。如果没有匹配产品，必然会出现大量资金的闲置，继而资金成本就会逐渐提高，收益率也会迅速回落，最终货币基金会遭遇大量赎回，出现浮亏。

目前，中国的存款利率还没有完全放开，最主要的是活期存款利率没有放开；一旦活期存款利率放开，货币基金，包括各种“宝宝”的收益率都会受到一定的影响。

（三）余额宝的天花板是2500亿元？

2500亿元会不会成为余额宝的天花板？

余额宝是一种货币基金，要想对其最大的规模进行预测，首先就要看看中国目前货币基金的规模。据统计，中国目前货币基金的总规模大约为3600亿元。如果其中有支付宝使用习惯的客户占20%，则有720亿元货币基金存在转为余额宝的可能。

余额宝的潜在客户之一是活期存款居民，目前我国居民活期存款余额约为16万亿元；而支付宝作为国内最大的第三方支付平台，拥有超过8亿元的注册用户。随着支付宝应用的进一步普及，余额宝的流动性水平会进一步提升，未来余额宝对活期存款的替代规模预计在千亿元以上。

参考余额宝在支付宝平台上的渗透度，余额宝中短期的增长空间大约为2000亿~3000亿元。不过，就在余额宝规模达到2500亿元时，余额宝开始限制单笔及单月用户转入支付宝资金的额度。这是因为余额宝实行了T+0交易制度，随着余额宝规模不断扩大，支付宝需要垫付的交易金额不断扩大。

支付宝用户平均投资金额只有4000多元，阿里巴巴通过大数据预测，每天客户的流动性需求的预测偏离率都不会超过5%，所以支付宝能够非常充分地安排这些流动性，不会出现规模扩大后的兑付风险。

（四）能否撼动银行大客户？

期限错配以及流动性错配，或许在一定程度上可以造成兑付压力和垫资压力。可是，余额宝还会面临一个问题——信用风险，如果所有的互联网公司都推出"余额宝"或其他产品，这些互联网金融公司的信用靠什么保障？违约后怎么处理？资本金应该有哪些要求？是否该要求经营方按资金比例拨备？

另外，如果互联网金融公司没有自己的资本参与每个投资项目，那么它是否有足够激励去挑选好每一个投资品种？一旦余额宝规模大到一定的量级，必然遭遇"瓶颈"——如何吸引较大额资金、较高端资金；而对于余额宝目前人均4000元左右的资金来讲，因为缺乏信用优势，是很难吸引大额资金的。

此外，在达到一定规模之后，流动性管理压力就会明显上升；"余额宝"内的资金是可以随时在天猫和淘宝上进行消费的，但货币基金每日收盘后才能与"余额宝"进行结算，这期间实际是支付宝为货币基金进行了信用垫付，如果货币基金无法按时与支付宝进行交割，支付宝则面临头寸风险。

相比之下，银行的资金体量要远高于支付宝，并且有完善的金融体系相互支持，抗冲击的能力也远高于前者；因此，支付宝在短期之内是很难吸引银行主要客户的。

此外，因为银行存在“二八”现象，即20%的客户提供了80%的利润，阿里巴巴金融主要服务80%中更细小的客户。大资金往往希望得到更专业和更个性化的定制金融服务，传统金融机构有丰富的资产端业务，具备高素质的金融人才，拥有更强的金融资源整合能力，因此可以为高端客户提供定制服务。

可是，互联网金融缺乏差异化服务的能力，而且互联网金融的核心就是标准化的低成本扩张，定制化服务与其经营方式相悖。因此，互联网金融未来将是金融超市，是无法成为高端定制店的。

（五）突破——余额宝二号的上线

余额宝是基于交易行为产生的数据沉淀和资金沉淀，因此，余额宝未来的思路肯定会和微信的理财通争夺入口。其实，余额宝在规模冲上2500亿元之后，也没有选择停下来稍作歇息，而是紧锣密鼓地布局余额宝二号。

名词解释：资金沉淀

指的是在日常的资金流入流出过程中，账户中总留有一定数量的资金，这部分资金数量比较稳定，所以叫资金沉淀，是个形象的说法。

2014年春节一过，余额宝二号正式推出，暂定名为“定期宝”，定位短期理财，目前已经有五家基金公司参与合作，分别是易方达基金、南方基金、工银瑞信基金、德邦基金、道富基金。

与余额宝模式不同的是，“定期宝”被放置在手机平台上，主要投资于固定收益领域，包括现金、通知存款、大额存单、债券等投资品种。

“定期宝”定位于移动端，主打手机平台，虽然也会相应推出PC端，但为了吸引投资者参与，支付宝将专门对手机移动用户的转账给予免费优惠；“定期宝”后台也会直接进入“阿里巴巴云”系统，主要支持大客户的开发。

由此可见，在移动端入口，“定期宝”必然会和与微信理财通狭路相逢，展开正面的厮杀。

二、与银行“联姻”——再造一个网上银联

近年来，凭借互联网技术的优势，涌现出大批从事互联网支付业务的第三方支付企业，并在一定程度上改善了持卡人的支付体验。但由于无法抵抗经济利益的诱惑和缺少对抗金融风险的安全技术，或主观上无视用户利益私自储存支付信息，或客观上没有相应能力保障用户网购交易安全，使得网上支付成为高风险的代名词。

就连在第三方支付领域呼风唤雨的支付宝，也是多次被曝出用户资料泄露、内部员工买卖用户资料等消息，在技术及管理上都存在不小的漏洞。如何才能完善财富管理功能？答案是自造一个网上银联，比如银联支付。

银联在线支付是由中国银联与各大商业银行联合推行的一个网上交易转接清算平台，它非常重视支付安全和用户权益，从业务安全防范、系统自身

安全、安全监控等方面实现了网络交易 360 度无死角安全保障。

随着银联在线支付的推行，越来越多的持卡人意识到支付安全问题的严重性，支付态度也日渐严谨。银联在线支付凭借无懈可击的安全性、毫不逊色的便捷性迅速崛起，成为国内第一首选支付方式，击破支付宝江山永固的神话。

“银联在线”依托银联 CUP Secure 互联网安全认证支付系统和银联 EBPP 互联网收单系统，构建了银联便民支付网上平台、银联理财平台、银联网上商城三大业务平台，为广大持卡人提供了公共事业缴费、通信缴费充值、信用卡还款、跨行转账、账单号支付、机票预订、基金理财和商城购物等全方位的互联网金融支付服务。

名词解释：银联 CUP Secure 系统

“银联安全支付服务”是银联在跨行转接清算网络基础上，为持卡人和商户提供的互联网安全认证和授权服务；“银联 CUP Secure 系统”是实现上述服务的技术系统的简称。

（1）银联便民支付网上平台，业务范围包括信用卡跨行还款、水电燃气缴费、移动电话及固定电话缴费充值等业务。

（2）银联理财平台，业务范围包括基金直销业务、银行理财产品销售业务等。

（3）银联网上商城平台，精选国内、境外银联认证的优质商户，为持卡人提供万余种商品的网上购物支付服务。

随着业务覆盖范围、应用领域的不断扩大，“银联在线”正受到越来越多发卡银行、收单机构、商户和广大持卡人的欢迎。近日，建设银行继借记卡后，信用卡业务完成与银联系统的对接和调试，正式接入“银联在线支付”。此项进展意味着超过3000万张建设银行信用卡的持卡人都能通过“银联在线支付”，享受网上支付的安全、快捷与高效。

本章小结

☞当余额宝规模大到一定量级时，必然会遭遇“瓶颈”——如何吸引较大额、较高端的资金；而这些大资金，往往希望得到更专业和更个性化的定制金融服务。

☞如果在资金面较紧的情况下，货币基金规模越大（即货币基金手中的资金越大），在与其他机构谈判的过程中筹码就越多，协议存款的利率与同期同业拆借利率也将随着资金供应的紧张程度而变化。

☞银联在线支付凭借无懈可击的安全性、毫不逊色的便捷性迅速崛起，成为国内第一首选支付方式，击破支付宝江山永固的神话。

第三章 “普世”——互联网金融的新体系

一、金融市场将走向平民化

这是一个全新的阶段，互联网金融其实就是“普世金融”或“平民金融”！

随着现代社会的发展，人们对财产的保存发生了翻天覆地的变化。“理财”这个词日渐成为人们心里所想、口里所说的一个重要词汇。

现代社会的发展给人们提供了很多的理财选择，比如银行存款、分红型保险（放心保）、基金、炒股等传统投资方式。在最近几年，随着余额宝理财、“P2P”网贷等的相继出现，随着互联网金融、供应链金融等概念的推广与普及，传统银行业乃至整个金融业都出现颠覆性创新。对大多数人来说，投资门槛越来越低、诱惑越来越大，金融市场不可避免地会走向平民化。

小林和同学聚餐的时候，同学打开手机给他介绍余额宝：“你开通这个了吗？你看，我往里面存了5000元，每天收益八九毛……”同学一边用手划动手机屏幕，一边热心地给小林翻看自己开通余额宝以来的收益，“现在，每天早上醒来之后，我都会习惯性地摸出手机，打开余额宝，查看当天的收益。虽然不是什么大数目，可是每天有近一元的‘意外之财’，心情确实不错!”

第二天，小林抵不住诱惑，也开通了余额宝，往里面转了5000元。小林和自己的女朋友说起这件事，补充道：“其实，我很早就知道余额宝了，只不过觉得没什么，就比银行利息高点，懒得费劲理它。可是，身边很多同学都给我介绍这玩意，并炫耀自己的精明，我自然就不能做落后分子了，小钱也是钱，干吗不玩呢?”

今天，“草根理财神器”越来越多，投资变得也越来越容易。

可是所谓的互联网金融，并不是简单的“互联网技术的金融”，而是“基于互联网思想的金融”，技术是一种必要支撑。所以，互联网和金融相结合，极大降低了财富管理的门槛，提高了服务的个性化和自动化管理。

随着中国GDP的快速增长、资源和财富的再分配，越来越多的有钱人都意识到了确保自己资产持续稳定增长的重要性，以往单一的理财和投资已经远远不能满足“全民理财”这个大的金融趋势，而高科技和金融的有效结合使得金融、投资、理财更加人性化，更彰显出了投资者的价值观。

继“宜信宝”、“月息通”“月满盈”等自主研发理财模式之后，2012年宜信财富为客户提供了一种线上理财模式——“宜人贷”：个人借款人只要在网上发布借款请求，通过信用评估后，就可以获得出借人的信用借款资金支持，用以改变自己的生活，实现信用价值。

这是一种个人对个人的网络借贷服务平台，为有资金需求的借款人和有理财需求的出借人搭建了一个轻松、便捷、透明的网络互动平台，使两端客户之间的信贷交易行为变得更加安全、高效、专业、规范。

一天，朋友拿着手机问小张：“你玩网贷不?”小张感到很疑惑：“网袋?”

朋友迅速翻出一个网贷网站，饶有兴趣地说：“就是网络借贷，依托互联网技术和平台，实现个人对个人的小额借贷。简单点说，就是通过网贷网站，需求方发布需求，借款方选择项目出资借款，在约定时间内完成后，本金利息一起收回。”

小张问：“风险肯定不小吧?”

朋友说：“鸡蛋不要放在一个篮子里嘛，多找些可靠的平台放贷，短期内收益比银行利息高多了。”之后，朋友还得意地给小张介绍了一大堆网贷的相关知识。

看到身边越来越多的朋友都开始玩网贷，瞬息变成了“投资家”，小张的心也动摇了。

互联网廉价理财产品的诞生，让越来越多的普通老百姓走上了自己的理财之路。比如：红极一时的余额宝就是一种积攒散钱的理财方式，越来越多的人知道了钱生钱的道理。

传统金融机构覆盖面有限，互联网理财产品“1 元起存、零元手续费”和远超过同业理财产品的预期收益率极大地填补了传统理财产品的空白，让手中攥着压岁钱的青少年投资者能够享受到更“接地气儿”的“草根金融”服务。

青少年投资者持有资金少，但群体数量庞大，可以通过互联网聚集资金、盘活存量、创造增量，提高收益率。此外，24 小时随买随卖的“T + 0”交易，更适合手中余钱不多的他们。

针对春节的理财小高潮，有些互联网理财产品在 2014 年春节前还推出了“春节理财”计划，春节期间更是促销不断。支付宝推出了 8.8 亿元的“元宵理财”产品，仅用了 6 分钟就全部售完；百度百发推出的“10 亿元理财计划”，只用了3个小时就被认购一空……微信理财通在一月下旬公布春节期间的收益发放情况：苏宁零钱宝1月31日收益率高达6.6950%。春节期间，“新春红包抽奖”活动让很多人都趋之若鹜。

马年春节前后，平民化的互联网理财方式受到了越来越多网友的青睐，互联网金融继续吸引着众多的眼球。可是新技术是一把“双刃剑”，不仅给百姓带来了便捷，也存在着一定的风险，比如：不绑定银行卡，微信“红包”就拿不出来；余额宝收益显示经常“迟到”等。最近一段时间，互联网金融虽然获得了快速发展，但也暴露出了一些问题。

首先，用户增长太快，导致派发收益的文件过大超出了系统阈值。虽然只是虚惊一场，但至少说明：互联网金融公司对技术性风险的把控还需要不断加强。因此，互联网公司切入金融业快速发展的同时，还要把握好自己的节奏，不能简单地以为“唯快不破”。虽然我们允许互联网试错，但互联网金融的本质是金融，试错的成本会很高；不负责任的试错，只会让监管不断收紧，对行业的发展是非常不利的。

其次，互联网金融企业要逐渐提升投资者的风险防控意识，不要传递给投资者一种因为有成功公司的背景而稳赚不赔的印象。天下没有免费的午餐，只要是投资，就会有风险。

互联网金融理财产品之所以能够用高利率吸引众多投资者，主要是因为我国正在加速推进利率市场化，资金市场正处于紧缺时期。可是，随着利率市场化进程的加快，短期利率势必下行，互联网理财产品的利率也会下降。所以，互联网金融理财产品要逐渐淡化其高收益的预期。

最后，互联网金融企业要比一般互联网公司更加注重安全保障，加强对个人信息的保护。今天，人们的消费方式正发生改变，线上的金融服务需求就要在线上给予满足。如今，网络理财呈现出年轻化、平民化的趋势，互联网金融还大有可为。互联网金融应该依靠其平台、零售客户资源和数据等优势并通过创新产品来发展。

“开放、平等、分享、协作”的互联网精神将融入金融的血液，金融市场不会受到少数专业精英的控制，其专业性会迅速淡化，普通大众也可以充分参与金融市场，金融市场必然会走向平民化。

二、“去现金化”——互联网货币将成为法定货币

当今社会，不使用现金能维持正常生活吗？能！而且可能会生活得更精彩。

在我们身边有这样一个“去现金化”生存的群体，每个月工资一到账他们就会将其转入余额宝或微信理财通去增值，用钱时，能用卡的地方都用信用卡，买东西都选择网购、团购。他们实现了用银行的钱消费，用自己的钱增值。

曲凡是典型的“去现金化”生存一族。现在，他们家除了在菜市场买菜要用现金外，其余的地方都不再用现金了。

每天早上7点半，曲凡会准时起床上班。出门之后就会掏出手机点几下，几分钟后一辆出租车就会来到他的面前。到达目的地后，他不会直接掏钱给司机付费，而会点几下手机，然后和司机师傅道别。曲凡正在使用一种微信自带的打车软件，不仅不用花费现金，还能减免10元车费。

中午的时候，曲凡和同事去下馆子，吃饱喝足后，依然会掏出手机，简

单地点几下，就会付清自己的饭钱。这次，他使用的是AA付款功能。大家都是自己付自己的饭钱，直接通过手机就能把钱转给埋单的人。

饭后空余时间，曲凡去了单位附近的超市，结账时刷信用卡付了账。晚上下班后，刷IC卡坐公交车回家。

吃过晚饭后，曲凡用手机团购了一家大型KTV的欢唱券，准备周末邀请朋友聚聚。曲凡自诩计算了一下，如果不团购，唱3小时估计要花上百元。所以，KTV欢唱券、电影票、饭店消费券等娱乐和餐饮消费券，曲凡基本都会团购，就连衣服都是从网上买的。

上面的内容就是曲凡一天“去现金化”生活的样本。曲凡一天经历让我们看到：当前交通、购物、吃饭、娱乐等日常生活中几乎所有的领域都可以使用非现金支付。其实，在我们身边，这样的人有很多，在每个年轻人身上都能或多或少找到曲凡的影子。

这一消费人群有着一个共同特点：他们之所以不使用现金支付，不是为了图方便，而是“贪”便宜。其实，有些人在开始的时候并不愿意用手机钱包或微信支付，总觉得不安全，可是这些产品给出的优惠太诱人了，挡不住，最终还得使用。

今天，移动支付迅速崛起，美团的数据足以说明其发展态势。美团创始人王兴表示：2013年12月31日22时13分到14分之间，美团网首次单日交易额突破1亿元。而美团有60%的交易额都是在手机上完成的。资料显示，2016年中国移动支付市场的交易规模将突破万亿元。

面对这样一个“大蛋糕”，为了抢占移动支付用户，阿里巴巴、百度、腾讯等互联网巨头纷纷打出了补贴牌，市民在移动支付端购买商品和服务时价格更优惠。比如：使用手机打车软件能省十几元车费，用支付宝钱包转账免费，百度团购手机支付送现金券，腾讯甚至还打出“只要绑定银行卡就送钱”的广告……一时间，移动支付优惠大战越战越酣。

名词解释：手机打车软件

用户在网上下载软件后，输入起点和目的地，自愿选择“是否支付小费”，出租车司机就可以根据线路、是否有小费等选择接受订单。

在网络巨头的大战中，受益最多的自然是像曲凡一样率先尝试移动支付的城市潮人们。其实，“去现金化”生存一族绝大多数都是“理财达人”。

与曲凡一样，小琴在生活中也不怎么使用现金。

每个月工资到账后，小琴做的第一件事就是把绝大部分钱转入余额宝。无论是在网上还是现实生活中，能用信用卡的地方都不用现金。

小琴说：“透支信用卡消费不仅可以获得返现金、积分等优惠，更重要的是当前余额宝等网络理财的收益率普遍在6%以上，而且收益每天入账。消费的时候使用信用卡，把现金暂时存入余额宝吃利息，到了还款期的时候再通过支付宝还款……这样，就可以用银行的钱消费，用自己的钱增值。比如：如果我在余额宝中存入7万多元，每天就会获得10元以上的收益，一个月的利息就是300多元。”

阿里巴巴的余额宝、腾讯的财付通、百度的百付宝……互联网巨头们通过打造转账支付与理财多种功能合为一体的平台，掀起了一场颠覆现金的革命。

几千年来，在商品社会里，人们用货币交换商品已成为常态。今天我们出门时，谁还会揣着钱包、装着大把零钱！

三、完美的“网络金融生态圈”

不可否认，互联网发展的速度已经完全超出了人们的想象！

数据显示，2006年中国网上购物市场交易规模为258亿元，到了2012年底已经高达1.3万亿元，年平均增长率达92%。截至2013年6月底，中国的网民规模达5.91亿元，超过中国总人口的四成；使用网上支付的网民规模达到2.44亿，相当于日本总人口的1.9倍。其中，使用手机在线支付的网民规模较2012年增长了43%。

互联网的迅速普及、庞大的人口基数、已经积累的巨量数据……都为中国互联网金融的发展奠定了坚实的基础！今天，互联网金融正在引发金融界的震荡和革命，这种影响甚至远超过互联网对实体经济的影响。

互联网与金融有着天然的契合性，金融产品从本质上说就是一连串的数据，并不需要借助物理实体的依托。移动支付、云计算、搜索引擎等互联网信息技术的广泛运用，大幅降低了市场信息的不对称程度；资金供需双方直接匹配，大大削弱了银行、券商和交易所等传统金融中介的作用。这种新型的金融模式匹配迅速、交易成本低廉，加速了金融脱媒，给传统金融带来了巨大的挑战，也将带来一场金融革命。

同时，在以阿里巴巴为代表的互联网企业高调进入金融业后，中国的金融机构也加快了自身改革的步伐。多家大型商业银行、保险公司、券商等都在互联网金融领域积极开拓、排兵布阵，主动融入了以移动互联网为代表的第三次科技革命浪潮中，正在努力完成从传统金融到互联网金融的蜕变。

余额宝的成功，让业内刮起了一股电商贴“金”、金融触“电”的旋风。继余额宝之后，活期宝、收益宝、现金宝等各种“存款神器”忽如一夜春风来，把互联网金融推送到了一个“宝宝时代”。

今天，金融领域已经逐渐放开，民营资本伺机而动，过去一直高枕无忧的银行，正面临着一次又一次的冲击。阿里巴巴金融崛起，苏宁剑指民营，京东、百度布局小贷，一场来自互联网企业的冲击波正在金融领域掀起风浪。互联网金融必将成为改变现有金融格局的决战场，未来的新霸主也必将产生于此。

（一）BAT 全面冲击传统金融

国内互联网公司中，BAT 三大巨头都已经获得了支付牌照，此外新浪、网易、盛大也都推出了自己的支付工具。悄然间，传统商业银行的战场上多了很多来自互联网领域的新兵。

2013 年 6 月 13 日，以互联网理财销售为模式的余额宝正式上线。依托支付宝庞大的客户资源，余额宝上线仅 3 个多月，资金规模就已经达到 500 多亿元，用户规模超过 1200 万户。

7 月 10 日，百度获得了第三方支付牌照。百付宝是百度旗下的一种支付工具，资料显示，百度各产品线都在围绕百付宝大力推进前向收费。

7 月 21 日，新浪正式发布了“微银行”，通过微银行涉足理财市场。此外，消费者在微银行还可以办理开销户、资金转账、汇款、信用卡还款等业务，投资理财仅是微银行的一个应用。

8 月 16 日，盛大正式推出了“全额宝”业务。《征途 2》等游戏用户可以把游戏中的消费费用直接存入“全额宝”账户，实现保值、分红、再次消费等功能。

9 月 12 日，苏宁银行股份有限公司申请的银行牌照已经通过工商注册核准。

9 月 18 日，腾讯打通了旗下财付通与移动产品微信的应用通道，这就意味着，2 亿个微信用户可以通过微信扫描商户二维码的方式付款，未来两者的合作还将实现微信用户之间的转账。

（二）第三方支付分流银行传统汇转业务

以支付宝、Pay－pal 为代表的第三方及移动支付正分流着银行的传统汇款和转账业务。根据《非金融机构支付服务管理办法》，支付宝、银联、财付通等大型支付机构成为第一批发放《支付业务许可证》的企业。截至 2013 年 2 月底，已经有 223 家企业取得了许可证。

许可证发放后，第三方支付市场经过洗牌，形成了寡头竞争的格局，银联、支付宝、汇付天下、财付通、快钱五家企业所占线上、线下市场交易份额高达 80%，其中“网上支付”市场份额达 90%。

2012 年，第三方支付总体交易规模为 12 万亿元，增长率为 54.2%，而互联网支付达 3.6 万亿元，增长率为 66%。调查显示，人们之所以要使用网银，29.2% 的人是为了给第三方支付充值，32.8% 的人是为了网上购物。目前，购物网站绝大多数都提供了第三方支付平台，使用第三方支付平台进行网上支付的用户比例大约为 50%。

（三）电商侵蚀金融，供应链金融步步为营

在金融业改革的大背景下，民营银行成为市场的热点。2013 年，申请或

有计划申请筹办民营银行的上市公司或其大股东已经多达27家，且数字仍在不断增长中。阿里巴巴、百度、腾讯、苏宁、京东、慧聪、盛大等互联网巨头涉水电商小贷，组建了民营银行。

2013年6月，阿里巴巴的余额宝资金规模已达百亿元。之后，阿里巴巴和民生银行进行合作，在淘宝开设了直销银行店铺。

2013年9月12日，“苏宁银行”名称获得工商总局的核准。苏宁云商在互联网金融业务的布局主要涵盖第三方支付（易付宝）、小额贷款、理财和保险、银行等领域。

2013年8月26日，国美在线正式入局互联网金融大战。

2013年9月23日，百度小贷公司在嘉定落户，注册资金为2亿元。百度对基金公司提出的要求是：只为百度设计与余额宝有差异性、上线时年回报率达到8%的新基金产品。

2013年9月29日，B2B电子商务平台服务商慧聪网公告称，将配售融资5.4亿港元，计划引入互联网金融。

（四）资本扎堆捧红“P2P”网络小额信贷公司

“P2P”小额信贷是一种个人对个人的直接信贷模式。目前，国内的“P2P”融资平台有宜信网、红岭创投、人人贷、拍拍贷等。通过“P2P”网络融资平台，借款人直接发布借款信息，出借人了解对方的身份信息、信用信息后，可以直接与借款人签署借贷合同，提供小额贷款；同时，出借人还能及时获知借款人的还款进度，获得投资回报。

在传统的授信模式下，小型和微型客户授信面临的最大问题就是运营成本过高。虽然近年来有些银行已经成功地将对公信贷客户群下移到了 100 万元左右户均贷款这样的规模。但阿里巴巴小贷在此基础上更进一步，显著地降低了小型特别是微型企业授信的运营成本，使得户均贷款万元左右的微型客户获得授信成为可能。

（五）传统银行大力发展自有电商

在互联网金融的冲击下，传统银行已经着手进行自我调整和改变，比如发展手机银行、打造银行专属电子商务平台、与电商合作，以及开发线上供应链金融等方式。

各大银行还纷纷成立了电子互联网金融的平台，包括网上商城、网上银行、手机银行等，银行正在加快自身产品互联网化的步伐，不断拓展金融互联网，逐渐抵销互联网金融对银行业务的侵蚀。

2011 年 6 月，交通银行开始建设新一代网上商城“交博汇”；2012 年，建设银行推出了电子商务金融服务平台——善融商务；2013 年 6 月，为了探索与完善互联网金融创新机制，拓展农业银行互联网金融业务，农业银行成立了“互联网金融技术创新实验室”；2013 年 8 月，民生电商成立，注册资本高达 30 亿元。

为了抵御互联网金融带来的冲击，传统银行不仅使用电商来争取客户，还在试图尝试其他方式。比如：北京银行、民生银行正在尝试设立线上直销银行。

现在，互联网金融之争已经日趋白热化，诸侯悄然割据，互联网金融已经形成一个生态圈。

本章小结

☞互联网和金融相结合，极大降低了财富管理的门槛，提高了服务的个性化和自动化管理。

☞天下没有免费的午餐，只要是投资，就会有风险。

☞互联网金融正在引发金融界的震荡和革命，这种影响甚至远超过互联网对实体经济的影响。互联网金融之争已经日趋白热化，诸侯悄然割据，互联网金融已经生成一个生态圈。

结束语

让历史告诉未来——从历史的角度看互联网金融发展

互联网金融的出现是历史发展的必然，其发展趋势是水到渠成、不可阻挡的。

互联网金融是互联网企业依托其所培育的互联网商务网络，为其客户提供的一种自然的附加服务。这些附加服务，不仅有助于改善客户体验、提高服务效率，还能够增强消费者福利；不仅对中国经济的发展和转型有着重要的意义，还可以提升中国金融业的服务品质。

从理论上来说，虽然互联网金融企业已经推出了一系列令人耳目一新的产品和商业模式，但它们并不能实现“去中介化”的目标，也没有改变金融的本质。因此，它们所推出的产品和采用的商业模式完全可以被传统金融机构所学习和利用。只要传统金融机构思想开放、善于学习，绝大多数企业应该可以经受住互联网金融企业的冲击，在金融服务的市场中占据一定的位置。

可是，由于网络效应的巨大力量，即使传统金融企业也使用互联网作为新的营销渠道和手段，但却不一定可以将自己失去的市场收回来。如果采用具有明显网络效应的互联网商业模式，在网络效应的巨大威力下，那些已经积聚了海量客户的互联网商业平台就可以轻松地植入金融服务功能，迅速扩张自己的金融版图，对传统金融机构造成巨大的压力。

同时，由于网络效应存在规模临界点的要求，喜欢“赢者通吃”，为了给网络参与者提供越来越完善和便捷的服务，有效巩固和增强自身网络的网络效应，防止被竞争对手网络超越，很多互联网金融企业被迫进入金融服务业。但“赢者通吃”的特性告诉我们，未来只有少数的互联网金融平台可以生存，绝大多数规模较小的互联网金融平台的寿命都不会太长。

因此，在今后必然会有数家大的互联网企业成功地涉足金融领域，甚至与那些传统的大型金融机构平起平坐。同时，我们不仅会看到新一轮传统金融机构与互联网企业之间“合纵连横”式的并购热潮或合作浪潮，还会看到跟随其后的一大批小型互联网金融平台的倒闭潮。

◇新华网报道

2013 年，是我国移动支付（互联网金融）向前快速飞奔的一年，不仅以手机银行为载体的移动金融创造出了让人惊叹的成绩，以移动支付为平台的网购、网贷和申购基金等也呈现出了耀眼的业绩，其发展速度和规模令人激动不已。

◇中金在线报道

作为互联网领域和金融领域的一种革命性创新，移动支付不仅促进了电子商务和零售市场的发展，还满足了消费者的多样化支付需求。

未来金融最高效的方式是在不同的场景中产生不同的金融服务要求，可是只有移动互联网才能满足这一点。从这个意义上来说，互联网金融的下一个爆发点绝对是在移动领域，明年的移动互联网金融必然会呈现出爆发性增长。

参考文献

［1］丁大卫. 新金融宣言［M］. 北京：中国华侨出版社，2010.

［2］陈威如，余卓轩. 平台战略：正在席卷全球的商业模式革命［M］. 北京：中信出版社，2013.

［3］［美］席勒. 新金融秩序［M］. 束宇，译. 北京：中信出版社，2014.

［4］李麟，钱峰. 移动金融：创建移动互联网时代新金融模式［M］. 北京：清华大学出版社，2013.

［5］陈鸿桥. 新产业 新金融［M］. 北京：中国金融出版社，2012.

［6］文庆能. 基于新金融安全观的银行业控制权研究［M］. 北京：中国金融出版社，2010.

［7］罗伯特. A·豪根. 新金融学——过度反应、复杂性及其结果（第四版）［M］. 马亚，译. 北京：中国人民大学出版社，2012.

［8］李迅雷等. 我国新金融发展研究——背景、现状和政策［M］. 北京：中国金融出版社，2013.

［9］［美］伯纳姆. 非理性市场与蜥蜴式大脑思维［M］. 李海波，译. 北京：中国人民大学出版社. 2008.

［10］杨胜刚. 比较金融制度——新金融系列教材［M］. 北京：北京大学出版社，2005.